직장인,
100만 원으로
주식투자
하기

직장인, 100만 원으로 주식투자 하기

린지 지음
김원중 감수

동양북스

워런 버핏도 한때 올챙이였다

모든 개구리에게는 올챙이 시절이 있습니다. 세계에서 가장 유명한 투자자인 워런 버핏도 처음부터 완성된 투자자는 아니었습니다. 그는 한국 나이로 12살에 처음으로 시티즈 서비스(Cities Service) 우선주 6주를 38달러에 매수하였습니다. 그런데 주가가 계속 떨어져 30% 이상 하락하였습니다. 투자금의 절반은 누나 도리스의 돈이었기 때문에 도리스는 주가가 떨어질 때마다 버핏에게 불평을 했습니다. 11살 중학생 버핏은 얼마나 애가 탔을까요? 매일 누나의 불평을 들으며 스트레스를 받지 않았을까요? 아마 버핏도 '원금만 회복되면 팔아야지'라고 생각했을지 모릅니다. 실제로 그는 매수한 주식이 40달러가 되었을 때 매도했습니다. 하지만 시티즈 서비스는 버핏이 매도한 이후 200달러까지 올랐고, 버핏은 이를 통해 장기투자의 중요성을 알게 되었습니다.

이 책은 주식의 '주'자도 모르겠다는 분들을 위한 책입니다. 오랜 세월 회자되는 주식 격언과 '주식'의 의미부터 배당금, 주식시장 운영 시간 등 주식투자가 처음인 독자들이 꼭 알아야 할 기본 내용을 네이버 백과사전보다 쉽게 알려주기 위해 노력했습니다. 그리고 마치 부비트랩 같이 모르고 투자하면 당할 수 있는 사실들 또한 담았습니다. 꼭 봐야 하지만 일반적으로 어려워하는 재무제표 이야기와 더불어 차트, 수급, 거래량 등 기술적 분석에 관한 내용도 함께 다뤘습니다. 마지막으로 환율, 달러 등 주식시장과 관련된 기본 경제 상식을 담았습니다.

책을 다 읽은 분들이라면 이제는 주식의 '주' 자 정도는 알겠다는 자신감이 생길 것입니다. 하지만 워런 버핏조차도 처음에는 실수했다는 사실을 기억해야 합니다. 누구에게나 처음이 있고, 처음엔 실수하기 마련입니다. 주식투자를 시작한다면 꼬마 버핏과 비슷한 실수를 하고, 후회할 것입니다. 따라서 처음에는 반드시 소액으로 투자를 시작해야 합니다. 직장인이라면 제가 그랬던 것처럼 100만 원으로 주식투자를 시작합시다. 다양한 방법으로 투자를 시도하며 투자 실습 기간을 갖는 것입니다. 남의 이야기를 백 번 보고 듣는 것보다, 직접 한 번 해보는 경험이 더 중요합니다. 본인이 시행착오를 겪어야 진정한 깨달음을 얻을 수 있습니다.

무엇보다 리스크를 간과하지 말아야 합니다. 우리는 본능적으로 부정적인 상황에 대해 생각하길 꺼립니다. 이익은 내 이야기이고, 손실은 남의 이야기라고 생각합니다. 저 또한 그랬습니다. 하지만 투자에는 항상 리스크가 존재하고 완전히 안전한 투자란 없습니다. 욕심이 생길 때 리스크를 살피며 몸을 낮추고, 시장에 두려움이 전염병처럼 퍼졌을 때에는 오히려 평정심을 찾고 기회를 발견하기 위해 고군분투해야 합니다.

마지막으로 이 책이 출간되기까지 옆에서 항상 든든한 지지자가 되어준 남편에게 사랑과 감사의 마음을 전합니다. 자꾸 늦어지는 출간 일정 속에서도 꾸준히 응원하며 기다려주신 구독자님들, 첫 미팅부터 마지막까지 함께해주신 윤정아 님과 권민서 님에게 감사를 전합니다. 그리고 무엇보다 투자 입문서로 이 책을 선택해주신 독자 분들께 고마움을 전하고 싶습니다. 주식 투자의 세계로 오신 것을 환영합니다. 앞으로 오랜 기간 투자 동지로 소통하며, 장차 경제적 자유라는 공감대를 함께 나눌 수 있기를 바랍니다.

2019년 9월
린지

차례

PART 3 100만 원으로 주식투자 실전 6단계

PART 4 뉴스로 주식 읽기

YOU NEED TO THINK YOURSELF WHAT IS TURE

PART 1

어쩌다
주식?

제 월급을 뺀 모든 물가가 오르고 있었습니다. 커피값, 점심값, 대중교통비 등등 모든 것이 고작 몇 년 사이에 크게 올랐습니다. 집 없는 자의 설움을 아는지 모르는지 무심한 서울 집값은 하늘 높은 줄 모르고 치솟았습니다. 10년 동안 아무리 열심히 저축해도 서울에서 전셋집 하나 구하기 어렵고, 심지어 대출을 받아도 집 구하기 어렵다는 현실을 마주했습니다.

부모님은 금융문맹

"문맹은 생활을 불편하게 하지만 금융문맹은 생존을 불가능하게 만들기에 문맹보다 더 무섭다."

-앨런 그린스펀-

제가 처음 경제에 관심을 갖게 된 건 초등학교 때입니다. 초등학교에 입학하기 전에는 부모님께 "OO 갖고 싶어요. 사주세요."라고 말씀드리면 대부분 사주셨습니다. 그런데 초등학교 입학 후부터 "경기가 나아지면 사줄게." 대답하셨습니다. 저는 그 말씀을 들으며 늘 '빨리 경기가 좋아졌으면….' 하고 바랐습니다. 최신 유행 옷들, 좋아하는 가수의 CD, 킥보드를 사고 싶었죠. 매일매일 경기가 다시 좋아지길 기도하며 기다렸습니다. 그런데 도대체 '그놈의' 경기는 좋아질 생각을 하지 않았습니다. 처음에 부모님은 조금만 기다리면 경기가 좋아질거라 말씀하셨는데, 6학년이 되고 중학생이 되어도 경기는 나아지지 않았습니다. 그동안 우리는 인천에서 서울로 이사를 했고 집은 아파트에서

빌라로, 주택의 반지하로 점점 더 작아졌습니다. 어린 제 눈에도 집안 사정이 점점 악화되는 것이 보였습니다.

시간이 흘러 16세가 되던 해, 부모님은 더 이상 "경기가 좋아지면…."이라는 말씀을 하지 않으셨습니다. 그리고 저 또한 부모님께 갖고 싶은 것, 사고 싶은 것을 자주 말하지 않았습니다. 제가 20대가 되었을 때 아버지는 "앞으로 경기가 점점 더 나빠질 거야."라고 말씀하셨습니다. 그 후 또 10년이 지난 지금까지 아버지는 뉴스를 보시며 여전히 똑같이 말씀하시곤 합니다.

대학생이 된 뒤 어느 날 이런 생각이 들었습니다. '나라 경기가 아니라 우리 집에 뭔가 문제가 있는 것은 아닐까?' 우리 집이 유독 여유가 없는 것이지 다른 집들은 생각보다 살 만해 보였기 때문입니다.

2011년, 가계 사정을 알게 되며 막연했던 의심이 현실인 것을 알았습니다. 그 해에 제게는 좋은 소식과 나쁜 소식이 있었습니다. 좋은 소식은 교내 교환학생 프로그램에 선발되어 필리핀 마닐라의 모 대학교에서 수학할 수 있는 기회가 생긴 것이고, 나쁜 소식은 교환학생으로 갈 경우 2학기에 받기로 예정된 미래에셋박현주재단의 장학금 수령을 포기해야 한다는 사실이었습니다. 저는 대학생이 되어 가장 하고 싶었던 일이 해외 생활이었습니다. 1학년 때부터 방학을 반납하고 영어 시험을 준비할 만큼 교환학생으로 가고 싶었기에 이때만큼은 부모님께 도움을 받고 싶었지요. 나머지는 제가 모은 돈으로 충당할 터이니 100만 원 정도만 보태주실 수 있는지 여쭈었습니다.

그날 저는 충격적인 사실을 알았습니다. 당시 부모님 수중에는 현금

50만 원조차 없었습니다. 너무 화가 났습니다. 아버지 연세가 50이 넘었는데 어떻게 현금 50만 원도 없을 수 있을까요? 상식적으로 이해하기도 납득하기도 어려웠습니다. 왜냐하면 제가 아는 한 우리 부모님은 평생을 성실하게 일하셨기 때문입니다. 아버지는 통근 시간이 1시간이든 2시간이든 관계없이 회사에 늘 1시간 정도 일찍 출근하셨습니다. 힘든 일도 있었지만 항상 가장으로서 책임을 다하셨고, 당시에는 흔했던 술, 담배조차 하지 않으셨습니다. 어머니는 하루 12시간씩 일하셨고, 그런 와중에 하루도 거르지 않고 동생과 저에게 따뜻한 아침밥을 차려주실 만큼 성실하신 분이었습니다. 게다가 두 분 다 삶에 치여 별다른 취미도 없으시고 그래서 특별한 지출도 없으셨습니다. 그런데 도대체 왜 모아놓은 돈이 하나도 없는 것인지 도무지 이해가 되지 않았습니다.

이윽고 우리 집 사정에 대해 듣고, 부모님이 이해되었습니다. IMF 금융위기 이후 시작했던 부모님 사업이 잘되지 않아 상당한 부채를 안게 되었고, 이를 갚는 데 월급의 대부분을 사용하고 있었습니다. 그래서 지출이 많지 않음에도 불구하고 저축을 할 수 없었습니다. 그렇게 20대 초반에 가계 빚에 대해 알게 되었습니다. 저는 정말 큰 충격을 받았습니다. 부모님이 10년 넘게 열심히 버신 돈의 대부분이 빚을 갚는 데에 쓰였다는 것과 이렇게 힘든 상황에서 부모님은 어떻게 견뎌내셨을까 하는 충격이었습니다. 우리가 처한 환경이 너무 속상해서 혼자 방에서 이불을 뒤집어쓰고 펑펑 울었습니다. 그리고 집안의 장녀로서 큰 부담감이 들었습니다. 저는 이때 인생 처음으로 재무 상담을 했습니다. 제 부모님을 대상으로 말이지요. 처음에는 부모님 모두 화를 내셨습니다.

그분들 입장에서는 서른이나 어린 20대 초반의 자식이 집안 채무에 대해서 꼬치꼬치 묻고, 부모를 가르치려 드는 것으로 보였기 때문입니다. '왜 이런 것까지 부모가 자식에게 이야기해야 하냐'며 불편한 기색을 드러내셨습니다. 하지만 저도 지지 않고 며칠 동안 부모님께 상황을 알려달라 요청했고 결국 부모님은 제 부탁을 들어주셨습니다. 그렇게 알게 된 우리 집의 수입, 지출, 부채 등을 A4 용지에 정리하였습니다. 그리고 매달 80만 원씩 갚으면 1년 8개월 후에 빚을 모두 청산할 수 있고, 100만 원씩 갚으면 1년 4개월 뒤에 청산할 수 있다는 말씀을 드렸습니다. 그 말을 들으신 부모님은 갑자기 말이 없어지셨습니다. 멀지 않은 미래에 가계 빚을 모두 청산할 수 있다는 사실에 많이 놀라시는 눈치였습니다. 10년이 넘는 세월 동안 부모님은 꾸준히 채무를 갚으셨기에 절대 줄지 않을 것 같았던 빚이 많이 줄어들어 있었습니다.

저는 계속해서, 생활비나 다른 기타 소비를 조금씩 줄여보는 건 어떤지 차분히 이야기하였습니다. 이날 저도 크게 놀랐습니다. 그동안 부모님은 구체적인 계획이나 확인도 없이 무작정 매달 습관적으로 빚을 갚고 계셨다는 사실을 알았기 때문입니다. 제 부모님은 근면 성실하게 일만 하시는 금융문맹이었던 것입니다.

월급쟁이로 살 순 없어

대학을 졸업하고 직장인이 되었습니다. 저 역시 20대 중반까지 재테크라고 해봤자 저축밖에 몰랐습니다. CMA 통장을 만들어 여유자금을 모아두고, 주택청약 통장에 매달 2만 원씩 넣는 것이 전부였습니다. 부모님도 "나중에는 돈 나갈 곳이 많으니, 사회 초년생일 때 열심히 모아야 한다."라고 하셨을 뿐 재테크에 대해 별다른 말씀이 없었습니다. 저는 매달 월급의 50%를 CMA 통장에 저축한다는 목표를 세우고 실천했습니다.

그런데 제가 몰랐던 건 월급의 절반을 저축하기 위해서는 하고 싶었던 것들과 그동안 세운 많은 계획들까지 포기해야 한다는 점이었습니다. 별다른 수입원이 없는 가난한 대학생 시절에는 늘 '직장인이 되면 해외여행도 가고, 영화나 뮤지컬도 자주 보고, 맛있는 음식도 자주 먹어야지.' 생각했는데, 월급의 절반을 저금하니 결국 대학생 때와 크게 달라진 점이 없었습니다. 일을 하고 매달 월급을 받았지만 여전히 하고 싶고 사고 싶었던 것들은 또다시 '나중에', '언젠가'로 미루어야 했습니다. 마치 어릴 적 부모님이 "경기가 좋아지면…."이라고 말씀하신 것처럼요.

저는 소위 '욜로(YOLO, 현재의 행복을 중요하게 여기는 생활방식)'를 추구하는 사람은 아닙니다. 하지만 문득 우울한 생각이 들었습니다. '입고 싶은 옷, 먹고 싶은 음식, 하고 싶은 일들을 모두 참으며 돈을 모아봤자 무슨 소용인가?' 제 나름대로 생각해보니 사회 초년생을 벗어나면 결혼을 해야 하고, 결혼을 하고 난 뒤에는 또 아이를 가져야 하고, 아이를 키우는 데에는 돈이 많이 들 테니, 그동안 미루었던 것들을 다시 또 포기해야 할 미래가 너무나도 자명했습니다. 끊임없이 펼쳐질 '인생 일정'을 생각하니 평생 하고 싶은 것을 참기만 하다가 늙어 죽을 것 같았습니다.

또한 제 월급을 뺀 모든 물가가 오르고 있었습니다. 커피값, 점심값, 대중교통비 등등 모든 것이 고작 몇 년 사이에 크게 올랐습니다. 집 없는 자의 설움을 아는지 모르는지 무심한 서울 집값은 하늘 높은 줄 모르고 치솟았습니다. 10년 동안 아무리 열심히 저축해도 서울에서 전셋집 하나 구하기 어렵고, 심지어 대출을 받아도 집 구하기 어렵다는 현실을 마주하였습니다. 아니, 평생을 모아도 서울에서 집을 사는 것은 도저히 불가능한 일처럼 보였습니다. 단순히 지금에 의지하는 이런 식이라면 다가올 것은 우울한 미래뿐이었습니다. 올라갈 사다리조차 없는 현실에 충실하기는 어려웠고, 부정적이고 어두운 생각만 들었습니다. 이대로는 평생 하고 싶은 것을 참고 미루기만 하며 살아야 하기 때문입니다. 월급쟁이로는 힘들다. 내가 살기 위해서 이래서는 안 된다고 결심하였습니다.

자본가가 되려면?

하늘이 구름 한점 없이 새파랗던 2017년의 어느 날이었습니다. 우울했던 제 삶에 작은 희망의 씨앗을 준 것은 자본주의와 전혀 상관없어 보이는 공산주의자 카를 마르크스였습니다. "자본주의 체제하에서는 생산수단의 소유 여부에 따라 자본가와 노동자로 나뉜다." 대학생 때 아무렇지 않게 지나쳤던 이 한 문장이 경종을 울렸습니다. 마치 구원을 받은 것처럼 가슴이 뛰었습니다. 전에는 항상 '일을 열심히 해야'만 부자가 될 수 있다고 생각했습니다. 카를 마르크스는 이는 반은 맞고 반은 틀렸다는 걸 알려주었습니다.

여유 있는 삶을 사는 부자들은 대부분 노동자가 아니라 자본가입니다. 자본가는 스스로 노동하지 않아도 자본이 대신 일해줍니다. 이에 반해 직장인은 '시간과 노동력'을 '봉급'과 교환하는 봉급생활자, 즉 임금노동자입니다. 그런데 시간은 제한적입니다. 우리 몸의 기능에도 한계가 존재합니다. '나'라는 사람은 하나뿐이고, 심지어 기계가 감가상각되듯 나이가 들면서 신체적인 기능들은 저하됩니다. 그 결과 자본이 대신 일해주는 자본가와 다르게 스스로 일하는 노동자의 부의 증가 속도는 제한적입니다. 그러니 저는 자본에게 일을 시키는 자본가가 되어야 했습니다.

자본가가 되는 방법은 무엇일까요? 저는 고민하기 시작했습니다. 자본가가 되기 위해서는 생산수단(자본)을 소유해야 합니다. 그렇다면 생산수단에는 어떤 것들이 있을까요? 대표적인 예는 부동산입니다. 건물(부동산)을 소유하면 임대 수익이 발생합니다. 예를 들어 상점이나 오피스텔에 입주한 세입자로부터 계약 기간 동안 매달 월세를 받을 수 있습니다. 이렇게 단순히 부동산을 '소유'했다는 이유만으로 따로 노동을 하지 않아도 수입이 발생합니다. 내가 일하지 않고 '자본이 일한다'

는 점이 핵심입니다. 하지만 부동산은 초기 자본이 많이 필요하기 때문에 사회 초년생이 대출 없이 투자하기 어렵다는 큰 단점이 있습니다.

저작권도 자본의 예입니다. 가수 장범준 씨의 노래 '벚꽃엔딩'은 '벚꽃연금'이라고도 불립니다. 이 곡이 대중들에게 꾸준히 사랑받으며 봄만 되면 거리에서 울려 퍼지기 때문에 장범준 씨는 벚꽃엔딩의 음원 수익을 매년 봄마다 연금처럼 받는다는 의미입니다. 우리가 음원 서비스를 소비해 음악을 들으면 그 대가는 멋진 음악을 작사, 작곡한 아티스트에게 돌아갑니다. 장범준 씨가 계속 노동하지 않아도 우리가 노래를 자발적으로 소비함으로써 음원 수익이 발생합니다. 그런 의미에서 음원역시 생산수단이 될 수 있습니다. 하지만 저는 음악적인 재능이 없어 멋진 음악을 작사, 작곡할 수 없습니다. 그래서 주식투자를 시작했습니다.

주식투자는 노래를 만들거나 부동산 투자를 하는 일에 비해 쉽게 시작할 수 있습니다. 증권사에서 계좌를 개설하기만 하면 적은 돈으로도 투자를 시작할 수 있기 때문입니다. 주식에 투자한다는 것은 기업에 투자하는 것입니다. 쉽게 말해서 회사의 주인이 되는 거죠. 예를 들어 삼성전자의 직원들은 회사의 이익을 위해 열심히 일하는데 회사의 이익 중 일부는 주주의 이익입니다. 그러니까 높은 경쟁률을 뚫고 삼성전자에 입사한 유능한 직원들은 결국 삼성전자의 주주를 위해 일하는 셈입니다. 저는 삼성전자의 직원은 되지 못했지만, 주주가 되어 배당금을 받아보았습니다. 실제로 월급 받을 때보다 더 기분이 좋았습니다. 직접 일해서 받은 돈이 아니라 제 자본(돈)이 대신 일해서 얻은 수익이기 때문입니다.

대부분의 사람들이 주식투자를 꺼립니다. '위험하다'는 이유 때문입니다. 하지만 저는 이대로 월급쟁이로 사는 편이 더 위험하다고 생각했습니다. 평생 빠듯하게 살아야 한다는 생각에 우울하게 산다면 정신 건강에 치명적이지요. 게다가 밤낮없이 열심히 일하여 건강이 나빠진다면 신체에도 치명적입니다. 무엇보다 제가 아는 소위 부자들, 사장님들은 모두 주식을 보유하고 있었습니다. 그래서 저도 주식투자를 꼭 해야겠다는 생각이 들었습니다.

100만 원으로 투자를 시작하다

해외여행을 가려고 모아두었던 100만 원으로 주식투자를 시작했습니다. 처음으로 주식을 매수했을 때의 떨림을 아직도 생생히 기억합니다. 맨 처음 셀바스AI라는 회사의 주식을 매수했습니다. 단순하게 '앞으로 미래에는 인공지능 회사가 잘나갈 거야.'라는 생각으로 말이죠. 겁이 났기에 30만 원이 채 되지 않는 금액을 투자했습니다. 아침에 출근해서 주식을 샀는데, 도무지 일이 손에 잡히지 않았습니다. 제가 산 주식이 올라갈지 떨어질지 생각하니 너무 두려웠기 때문입니다. 이제 와서 생각해보면 그 회사에 대해 잘 알지도 못하고 무작정 매수했으니 당연히 두려웠겠죠. 자꾸만 내가 산 주식이 신경 쓰여서 회사에서 화장실 갈 때, 점심시간 등 틈이 날 때마다 계속 MTS 화면을 보았습니다. 그러다가 이대로는 못살겠다는 생각에 5,100원에 산 주식을 다음 날 5,200원에 매도했습니다. 첫 투자로 깨달은 것은, 이렇게 아무것도 모르고 생각 없이 주식을 사면 절대 안 된다는 점입니다.

두 번째로 매수한 종목은 크린앤사이언스입니다. 언젠가부터 황사가 아닌데도 미세먼지가 대기에 가득한 것을 느꼈기 때문입니다. 미세먼지와 관련된 회사를 찾아보다 이 기업을 알게 되었습니다. '거의 독점이나 다름없을 정도로 해당 산업분야의 시장점유율이 높고, 최근 계속해서 대기 상태가 좋지 않으니 여과지와 필터의 매출이 증가할 것이다.' 생각하여 크린앤사이언스 회사의 주식을 매수했습니다. 그런데 주식을 매수한 지 얼마 지나지 않아 미세먼지가 갑자기 심각한 사회적 이슈로 떠올랐고, 크린앤사이언스는 미세먼지 테마주로 분류되어 단기간에 50% 가까이 급등했습니다. 저는 6,000원에 산 주식을 10,000원 근방에서 매도하여 처음으로 약 65%의 큰 수익을 맛보았습니다.

처음으로 크게 수익 실현을 하니 너무 신이 났습니다. 그다음에는 투자하는 족족 수익이 났습니다. 자신감이 생겨서 시드머니를 늘려 더 적극적으로 주식투자를 하였습니다. 투자금을 늘린 다음부턴 제가 알고 있던 유명 대기업의 주식을 샀습니다. 특히 당시 다니던 회사의 고객사 주식을 샀습니다. 직장인이 주식투자 정보를 알아보는 데에는 시간적인 제약이 있습니다. 그래서 회사 업무를 하면서 나름대로 고객사에 대해 관심을 갖고 평가해 투자를 한 것입니다. 당시 매매했던 대표적인 회사들이 셀트리온, 삼성SDI, LG화학 등입니다. 대학교 때부터 꾸준히 경제신문을 보았고 회계 수업도 열심히 들어서, 자료를 찾아보는 일은 크게 어렵지 않았습니다. 하지만 돌이켜보면 당시 큰 수익을 낼 수 있었던 이유는 상승장이라는 큰 운이 따라주었기 때문이라고 생각합니다. 일반적으로 저처럼 주식을 시작한 지 얼마 되지 않아 크게 투자금을 늘리는 경우에는 큰 손실을 볼 가능성이 더 높습니다.

주식투자를 시작하고 난 뒤부터 저는 주변에서 일어나는 모든 일을 주식과 연관 지어 생각하게 되었습니다. 사소한 발견도 그냥 지나치지 않고 공부하면 수익으로 이어지는 경우가 있었기 때문입니다. 주식투자를 막 시작했을 때의 일입니다. 한번은 금융 공기업에 근무하는 선배에게 주식을 추천해달라고 말했습니다. 선배는 "증권회사 주식을 사면 돼. 이제 너까지 주식하는데 증권회사가 돈 벌지 않겠어?"라고 장난스럽게 대답했습니다. 저는 그럴듯한 생각이라고 느껴서 진지하게 받아들였죠. 그렇게 미래에셋대우의 주식을 샀고 이후 시세차익을 낼 수 있었습니다.

결론적으로 저는 운이 아주 좋았습니다. 주식시장의 상승장 초입 부근에서 주식투자에 입문했기 때문입니다. 2017년 코스피는 7년만에 박스피를 탈피해 이례 없는 상승세를 이어갔고, 저는 주식투자를 하는 족족 수익을 냈습니다. 상승장에서 주식투자를 시작하는 천운이 따라준 셈입니다.

매매와 투자, 그 사이

"전업투자자로 대박 나야지!" 같은 원대한 포부로 전업투자를 시작한 것은 아닙니다. 건강상의 이유로 일하던 회사를 그만두며 1년 간 쉬게 되었을 때 대안으로 주식 전업투자를 시작했습니다. 제가 일하던 회사의 사무실에는 직접등이 일체 없고 간접등만 있어 조도가 너무 낮았는데, 눈이 이상해 병원에 갔더니 이대로 계속 지내다 보면 녹내장이 올 수도 있다는 진단을 받았기 때문입니다. 퇴사할 즈음 외국계 회사에서 좋은 조건으로 채용 제안을 받았고, 이직을 고려할 수도 있었습니다. 하지만 전업으로 주식을 해보고 싶다는 마음에 당분간 회사 생활을 유예하기로 결심했습니다. 그리고 새로운 일을 찾기 전까지 6개월에서 1년 정도를 잡고 전업투자자가 되었습니다.

집에서 컴퓨터와 모니터만 있어도 주식거래를 할 수 있지만 저는 회사처럼 출퇴근을 하며 규칙적인 생활을 하고 싶었습니다. 투자를 하고 있는 동안에는 집중하기 위해 집 근처에 사무실을 얻었습니다. 어두운 사무실에 질렸던 터라 월세가 비쌌지만 해가 잘 드는 복층 오피스텔을 계약하고, 책상과 모니터 등 투자에 필요한 물품들을 구입했습니다. 처음에 들어간 비용과 월세를 배수의 진이라 생각하고 전업투자를 시작했습니다.

거의 모든 주식투자자들이 작은 성공 뒤 큰 손실을 맛보듯 저도 예외는 아니었습니다. 전업투자를 시작하기 이전까지는 '탐욕에 굴복하지 않고, 원칙대로 투자할 수 있는 자신이 있다.'고 생각했습니다. 하지만 막상 전업투자를 시작하여 하루 종일 모니터를 보고 있자니 절대 하지 않을 것 같은 투기적인 매매를 하게 되었습니다. 좀 더 빨리, 더 많은 돈을 벌고 싶다는 욕심이 생겨 소위 급등주 단타를 시작한 것입니다. 당시는 2017년 말 가상화폐 투자로 큰돈을 번 사람들의 이야기가 매체에서 연일 방송되던 때라 제 수익이 너무 적게 느껴졌습니다.

결국 과욕으로 큰 손실을 보게 됐습니다. 추격매매를 하고, 단타를 하며 처음으로 1,000만 원이 넘는 손절을 했습니다. 두려움이 이성을 지배하며 패닉 상태에 빠졌지요. 게다가 제가 팔고 난 다음 날 주식은 다시 급등하였습니다. 단 며칠 만에 큰돈을 잃고 충격에 빠졌습니다. 하지만 이미 잃은 돈을 어떻게 할 수 없었습니다. 결국 다시 수익을 내야 한다는 마음에 그때부터 이를 악물고 스캘핑, 데이트레이딩, 스윙 등 다양한 단타를 했습니다. 다시 돈을 벌어 메꾸어야 한다는 생각 하나로 공부하고 투자하고, 공부하고 투자하기를 반복했습니다. 그렇게 조금씩 수익 내고 손절하고를 반복하다 결국 선취매한 블록체인 테마주가 연일 상한가를 가서 수익을 냈고, 손실 부분도 모두 만회하기에 이르렀습니다.

이제 와서 생각해보면 거기서 그만두었어야 했습니다. 하지만 저는 이미 주식거래 자체에 중독되어 있었습니다. 매일매일 매매를 했고, 밥 먹을 때도 주말에도 주식 생각에서 벗어날 수 없었습니다. 두통은 일상이 되었고, 체력적으로 정신적으로 너무나 힘들었습니다. 그러다 문득 '내가 뭐 하고 있는 거지?' 생각이 들었습니다. 주식투자를 하며 꿈꾸었던 여유로운 삶에서 너무나도 동떨어진 모습으로 살고 있었기 때문입니다.

이 모든 일은 탐욕이 부른 참사였습니다. 6개월이라는 짧은 기간 동안 많은 것이 바뀌어 있었고, 점점 심신이 지쳐갔습니다. 그리고 문득 내가 하고 있는 건 투자가 아니라 매매라는 사실을 인지하게 되었습니다. 단기적인 매매에 치우쳐서 조급해지고, 지엽적인 생각에 매몰되고, 합리적 사고가 어려워졌습니다. 이제 다시 '투자'로 돌아가야겠다는 결심을 했습니다. 그리고 이 글을 쓰고 있는 지금은 장기적인 관점에서 포트폴리오를 만들어 운용하고 있습니다.

소확행을 위한 주식투자

주식투자를 하고 가장 크게 바뀐 점을 꼽으라면 '마음의 여유'라고 답하겠습니다. 월급만으로는 소소한 행복을 느끼며 살기조차 빠듯합니다. 어느 정도 여유를 즐기며 살기 위해서는 월급에만 의존하지 않는 금융 자생력을 길러야 한다고 생각합니다. 이제는 한 회사에서 버티며 열심히 일해도 미래의 안정적인 삶을 보장받을 수 없는 시대이기 때문이지요. 그래서 저는 주식투자를 선택했고, 예전과는 다른 소소한 행복을 느끼며 일상을 살아가고 있습니다.

정말 아주 작은 변화 덕분에 마음의 여유가 생겼습니다. 예전에는 친구들과 밥을 먹을 때도 1,000원, 2,000원 차이를 신경 쓰며 메뉴를 골랐는데, 이제는 그냥 먹고 싶은 음식을 바로 주문할 수 있습니다. 과거에는 시즌오프가 돼서야 쇼핑을 했습니다. 그러니까 여름에 봄옷을 사고, 가을에 여름옷을 사곤 했지요. 아마 대부분의 사람들이 겪어보았겠지만 정작 내가 사고 싶은 옷들은 할인 기간에 아예 없거나, 맞는 사이즈는 이미 다 팔린 경우가 많습니다. 그래서 남은 옷들 중에서 그나

마 마음에 드는 옷을 사곤 했습니다. 이제는 좋아하는 의류 브랜드에서 10% 신상품 할인을 받고 옷을 삽니다. 유행을 탈 것 같은 옷이라도 제가 정말 입고 싶으면 살 수 있게 되었습니다.

사랑하는 사람들에게 마음을 표현하는 여유도 생겼습니다. 가장 행복했던 일은 어머니께 부담 없이 옷을 사드렸을 때입니다. 어머니는 여전히 현역에서 일하고 계시기 때문에 블라우스나 정장 바지 등을 자주 입으십니다. 그런데 제가 중학교 때부터 봐왔던 정장을 줄여서 입으시거나 항상 같은 옷을 입으시는 모습을 보고 늘 새 옷을 사드리고 싶었습니다. 주식을 하기 전엔 월급이 빤한데 돈 나갈 곳이 너무 많아서 생일 때가 아니면 선물을 해드리기 부담스러웠습니다. 예전에는 마음만 있고 표현을 자주 하진 못했는데 지금은 실제로 부담 없이 부모님께 마음을 표현할 수 있습니다.

주식하기 이전에는 노동하지 않으면 돈을 벌 수 있는 방법이 전혀 없다는 생각에 항상 미래를 생각하면 숨이 막히는 듯한 기분을 느꼈습니다. 월급은 매달 통장을 스쳐 지나갔고, 휴대전화 요금, 교통비 등을 내고 저금하고 나면 나를 위해 쓸 수 있는 돈은 거의 없었기 때문입니다. '앞으로 연봉을 올리려면 어떻게 커리어를 쌓아야 하지?', '몇 년 뒤 어떤 회사로 이직해야 하지?' 늘 고민하며 살았습니다. 하지만 이제는 '투자'라는 새로운 방법을 알게 되어 행복합니다. 이 책을 읽는 모든 분들이 소소한 행복을 찾아가는 마음으로 주식투자에 입문하길 바랍니다. 본인의 위험 감내력, 투자 성향에 맞게 묻지마 투자나 투기가 아닌 현명한 주식투자를 한다면 소확행을 느낄 수 있습니다.

주식의 '주' 자는 알아야지

주식투자를 한번 해보고 싶은데, 무엇부터 해야 할지 막막한가요? 주식투자를 처음 할 때 먼저 무엇을 알아야 할까요? 무작정 투자할 대상을 찾기 전에 우선 국내 주식시장 운영 시간, 주식 주문 유형 등 기본적인 '규칙'들을 알고 있어야 합니다. 여행을 가기 전 지도를 미리 살펴보거나 새 가전제품을 샀을 때 매뉴얼을 읽어보는 것과 같습니다.

주식투자 하기 전에

주식투자를 처음 할 때 먼저 무엇을 알아야 할까요? 무작정 투자할 대상을 찾기 전에 우선 국내 주식시장 운영 시간, 주식 주문 유형 등 기본적인 '규칙'들을 알고 있어야 합니다. 여행을 가기 전 지도를 미리 살펴보거나 새 가전제품을 샀을 때 매뉴얼을 읽어보는 것과 같습니다. 새로운 곳으로 떠나기 전에 미리 지도를 살펴보면 길을 잃을 확률이 줄어듭니다. 가전제품을 사서 시간을 들여 매뉴얼을 읽는다면 올바르게 사용할 수 있어 고장 날 확률이 줄어듭니다.

이런 기본적인 내용들을 가볍게 여기고 무작정 주식투자에 뛰어들기도 하는데, 그러면 언젠가 반드시 길을 잃고 헤매게 됩니다. 제품이 고장 나면 A/S를 받으면 되지만 고장 난 계좌는 수년 동안의 손실로 돌아올 수 있습니다. 그러니 반드시 기본적인 시장의 규칙에 대해 먼저 공부해야 합니다. 본인의 투자 성향을 파악하거나 투자 방법에 대해 논하는 것조차 그다음 일입니다. 이제 본격적으로 주식투자와 관련하여 꼭 알아야 할 기본적인 내용들에 대해 살펴봅시다.

<주린이[1] 테스트>

아래 내용 중 해당되는 항목에 표시해보세요.

☐ 주식 계좌가 없다.

☐ 주식, ETF, 펀드의 차이를 모른다.

☐ 미국 금리가 한국 증시와 무슨 관계인지 모르겠다.

☐ 우량주는 무조건 사두면 이익이다.

☐ 매수, 매도 같은 용어조차 생소하다.

☐ 배당금을 어떻게 받는지 모른다.

☐ 단리와 복리의 차이를 모른다.

☐ 코스피와 코스닥의 차이를 모른다.

☐ 뉴스를 볼 때 경제 파트는 보지 않는다.

☐ 기업의 사업보고서를 본 적이 없다.

표시한 항목이 몇 개인가요?

0~3개 : 경제 상식 갖춘 우등생 주린이

4~6개 : 은행 적금만 해본 초보 주린이

7~10개 : 금융문맹이 의심되는 왕초보 주린이

---

1   주린이 : 주식 + 어린이의 합성어. 주식투자 입문자를 뜻하는 말.

투자 준비, 얼마나 해야 할까?

공무원 시험을 준비하는 친구들은 대개 1년 정도 준비를 하고, 토익 시험은 보통 3개월 정도 준비를 합니다. 물론 개인마다 차이가 있겠지만 국가고시, 토익 시험 등을 준비하는 데에는 평균적인 시간이 필요합니다. 그렇다면 성공적인 주식투자를 하기 위해서는 얼마나 준비를 해야 할까요? 답이 궁금해 인터넷 커뮤니티를 둘러보기도 하고, 서점에서 주식투자와 관련된 여러 책을 살펴보았습니다. 하지만 주식투자를 위해 대략적으로 얼마나 준비해야 하는지는 찾기 어려웠습니다. 그렇다면 다른 질문을 던져봅시다. 최소한 어느 정도를 알면 실제 주식투자를 시작해도 될까요?

두 번째 질문에 답하기 위해 다시 토익 시험을 생각해 보았습니다. 토익 RC의 경우 최소한 영어 지문을 읽고 해석해야 문제를 풀 수 있습니다. 그러니 영어 단어를 외우고, 문법과 구문을 숙지해야 합니다. 그렇다면 비슷한 관점에서 주식투자에 대해 생각해봅시다. 증시(증권시장) 관련 뉴스를 읽고 정보로 활용하기 위해서는 기준가, 코스피, VI 등 기본적인 주식 용어가 지닌 의미를 알아야 합니다. 그리고 직접 매매를 하기 위해서는 언제, 어디서, 어떻게 주식을 사거나 팔 수 있는지 국내 증권시장 운영 시간과 규칙 등에 대해 숙지하고 있어야 합니다. 이에 더해 원하는 정보를 HTS(Home Trading System) 또는 MTS(Mobile Trading System)에서 확인할 수 있어야 합니다.

위에서 열거한 사항은 정말 기본 중의 기본입니다. 그런데 기본적인 내용을 모두 알고 있다고 해서, 수익을 내는 성공적인 주식투자를 할 수 있는 것은 아닙니다. 수학 공식을 암기해도 모든 수학 문제를 풀 수 없는 것처럼 말입니다. 게다가 토익 시험은 망치면 또 볼 수 있지만, 주식투자를 망치면 열심히 일해서 번 돈(투자 원금)을 잃을 수도 있습니다.

그렇다면 성공적인 투자를 하기 위해서는 어떻게 해야 할까요? 이미 투자에 있어 괄목할 만한 성과를 낸 투자자에게 물어보았습니다. 바로 워런 버핏, 피터 린치, 레이 달리오 등 월스트리트의 유명한 투자자 선배들의 투자에 대한 책들을 살펴보았지요. 그러고 나서 모두의 투자 방법이 저마다 다르다는 사실을 알게 되었습니다. 예를 들어 세계에서 가장 유명한 투자자인 워런 버핏은 젊은 시절 기업가치에 비해 확실히 저렴한 가격에 주식을 사서 차익을 남기고 매도하는 일명 '담배꽁초 투자법'으로 수익을 냈습니다. 전설의 트레이더인 제시 리버모어는 '피라미딩 전략'이라 불리는 추세를 추종하는 투자 방식으로 수익을 냈습니다. 이는 마치 다이어트를 하는 데에 여러 가지 방법이 존재하는 것과 같다고 느껴졌습니다. 개인의 성향과 체질에 따라서 적합한 식이요법과 운동법이 다르듯 개인의 투자 성향과 자질에 따라 투자 방법이 다릅니다. 시장에는 가장 좋은 투자법 한 가지만 존재하는 것이 아니니까요. 가치투자, 퀀트투자 등 다양한 투자 방법 중 자신에게 가장 적합한 방법으로 수익을 내는 것이지요.

그런데 성공적인 투자자들의 투자 방법은 달라도 모두 공통점이 있었습니다. 본인만의 확고한 투자 원칙을 갖고 있으며, 이를 지속적으로 지키고 있다는 점입니다. 저 또한 지난 1년 6개월 동안 기술적 매매를 위해 주식투자를 전업으로 해보았고, 결혼 이후에는 투자 대가들을 따라 가치투자를 시작하였습니다. 여전히 저의 투자 성향에 가장 적합한 투자 원칙에 대해 정기적, 비정기적으로 점검하고 고민하고 있습니다.

결론입니다. 주식투자를 시작하기 위해서는 최소한 두 가지를 미리 준비해야 합니다. 시장과 투자에 대한 기본적인 지식과 본인의 확실한 투자 원칙을 찾으려는 결심입니다. 이 두 가지가 준비되는 시점이 본격적인 주식투자를 시작할 수 있는 때라고 생각합니다.

투자 실습 기간 1년 그리고 100만 원

기본적인 주식 용어와 차트를 읽는 방법 등은 몰입해 준비하면 단 하루 만에도 익힐 수 있을 것입니다. 그런데 본인의 투자 성향과 맞는 올바른 투자 원칙은 그렇지 않습니다. 수익을 내는 투자 방법에 하나의 정답이란 없기 때문입니다. 게다가 단순하게 투자를 잘하고 있다고 평가받는 투자자의 방법을 따라 한다고 해서 똑같이 수익을 낼 수 있는 것도 아닙니다. 이는 전교 1등의 공부 방법을 따라 한다고 성적이 반드시 오르지는 않는 것과 동일합니다. 누군가에겐 최고의 다이어트 방법이 나에게도 맞는 방법인지 아닌지는 실제로 해봐야만 알 수 있습니다. 그러니 스스로의 성향에 맞으리라 생각되는 방식으로 투자를 해보는 일종의 투자 실습 기간이 필요합니다.

앞서 말한 워런 버핏 역시 세월이 흐르며 투자 방법을 바꾸었습니다. 젊은 시절엔 담배꽁초 투자법으로 초소형주에 투자하였으나 찰리 멍거와 함께 회사를 운영하며 초우량 기업에 투자하는 방향으로 나아갔습니다. 세계에서 가장 능력 있는 투자자도 자신의 투자 방법을 계속해서 점검합니다. 그러니 아직 초보인 우리의 투자 방법이나 원칙이 투자를 하면서 변할 수 있음을 인지해야 합니다. 여러 가지 투자 가설을 세우고, 이를 확인하는 과정을 겪을 테니까요. 나만의 투자 원칙을 찾는 일은 긴 여정이 될 가능성이 높습니다. 그래서 맨 처음 시작하는 주식투자는 반드시 소액으로 해야 합니다. 이 책에서는 100만 원으로 시작할 것입니다. 이때 투자를 시작한다는 사실보다 중요한 것은 투자 방법에 대한 '고민'과 '질문'이 반드시 따라와야 한다는 점입니다. 별생각 없이 무작정 투자를 시작한다면 결국 "주식투자는 역시 위험해!"라며 끝나버릴 가능성이 큽니다.

주식투자를 하기 전에 주식투자 자체를 부정적으로 말하는 수많은 사람들을 만났습니다. 대부분은 단순히 누군가의 이야기, 카더라 통신만 듣고 소중한 돈을 투자하여 낭패를 본 사람들이었습니다.

우리는 본인이 선택한 투자 방법에 따라 100만 원으로 실제 투자를 해봅시다. 그러면서 본인의 위험 감내력을 인지하고, 투자에서 자신만의 강점을 파악하며, 자신만의 원칙을 세웁니다. 100만 원이란 금액이 적은 돈은 아니지만 1년에 100만 원은 한 달이면 약 83,300원입니다. 토익 학원비 혹은 영어 스피킹 시험 응시료와 비슷한 금액입니다. 혹시 투자에 실패하여 투자금의 절반을 잃는다 하더라도 수업료라고 생각할 수 있는 비용입니다. 그렇게 1년 동안 투자금이 플러스가 되기도 하고, 마이너스가 되기도 하는 상황을 직접 겪어야 합니다. 시장의 변화를 온몸으로(실제 내 돈으로) 느끼는 것은 단순히 투자 서적을 읽는 것보다 훨씬 귀중한 경험이 됩니다.

워런 버핏은 "시장가치의 20~30% 하락이 당신에게 감정적, 재정적 고통을 준다면 주식투자를 하면 안 된다."라고 말했습니다. 만약 1년 동안 투자를 하면서 단기적인 원금 손실을 도저히 감내하기 어렵다면 주식투자를 포기하고 다른 투자 방법을 찾아볼 수도 있습니다.

길잡이가 될 주식 격언 7개

지뢰밭을 가장 안전하게 지나가는 방법은 무엇일까요? 남들이 모두 지나간 다음에 안전한 길로 가는 것입니다. 우리가 투자하면서 겪게 될 고난 혹은 어려움은 분명히 과거의 선배들이 이미 겪었습니다. 그렇기 때문에 주식투자의 격언들과 그 의미를 이해할 필요가 있습니다. 제가 가장 좋아하는 투자와 관련된 명언은 워런 버핏의 투자 원칙 두 가지입니다. 아주 간단명료하기에 저처럼 기억력이 좋지 않은 사람도 한 번만 들으면 기억할 수 있습니다.

원칙 1) Never Lose Money (절대로 돈을 잃지 않는다.)

원칙 2) Never Forget Rule NO.1 (1원칙을 반드시 지킨다.)

처음 주식을 시작할 때 워런 버핏의 투자 원칙을 알게 되었는데, '왜 당연한 이야기를 새삼스럽게 하는 거지?'라고 생각했습니다. 하지만 막상 주식투자를 시작하면서 이 두 가지 간단한 원칙이 결코 쉽지 않다는 사실을 절감했습니다. 단기적인 시장의 충격과 증시 하락 앞에서 모든 원칙이 흔들리는 경험을 했기 때문입니다. 여러분도 주식투자라는 여정을 떠나기 전에 반드시 이 두 가지 원칙을 꼭 기억하셨으면 합니다. 더불어 한번쯤은 꼭 생각해볼 만한 오랜 투자 격언 7개를 소개합니다. 다음은 오랜 세월에 걸쳐 전해진 격언이며 현재까지 시장에서 회자되는 원칙들입니다. 우리가 성공적인 투자 원칙을 세우는 데 유용한 길잡이가 되어줄 것입니다.

주식 격언 1 여유자금으로 투자하라

시장에는 수익을 내는 투자 방법에 대한 여러 가지 의견이 존재합니다. 그러나 거의 모든 투자자들이 이견 없이 입을 모아 말하는 것이 "주식투자는 여유자금으로 해야 한다"입니다. 여유자금이란 무엇일까요? 왜 여유자금으로 투자해야 할까요? 유명한 투자자 피터 린치의 말을 빌리자면 혹시 손실이 나더라도 당장 가까운 장래의 일상생활에 영향을 주지 않는 것이 여유자금[2]입니다. 예를 들어 신용대출은 물론이고 대학 등록금이나 전세금과 같이 기한이 정해져 있는 돈은 여유

자금이 될 수 없습니다.

초보 투자자들이 많이 하는 실수 중 하나가 2년 뒤에 돌려주어야 할 전세 보증금, 3년 뒤 들어갈 자녀의 대학 등록금으로 주식투자를 하는 겁니다. 우량주에 투자하면 안전하다는 생각을 갖고요. 단순히 유명 대기업, 우량주라는 이유로 현재 주가가 적정한지, 저평가 혹은 고평가인지 묻지도 따지지도 않고 기한이 정해져 있는 돈으로 주식을 매수합니다. 우량주라도 고가에 매수하여 3~5년 동안 주가가 회복하지 못하면 큰 손실을 볼 수 있습니다. (물론 운이 좋아서 주식투자에 성공할 수도 있습니다. 하지만 귀한 돈을 단순히 운에 맡기고 싶은 사람은 없겠죠?)

예를 들어 삼성전자나 현대자동차와 같은 우량주 역시 세계 경제의 영향으로 2~5년간 조정을 받기도 합니다. (만약 2017년 말에 삼성전자 주식을 샀다면 지금 계좌는 마이너스입니다.) 이런 경우 투자 손실이 발생하여 전세금을 돌려주지 못하는 문제가 생길 수 있습니다. 무엇보다 기한이 정해져 있는 자금으로 투자한다면 마음이 조급해집니다. 이런 경우 이성적 판단이나 현명한 선택을 하지 못할 가능성이 커집니다.

감정에 휩쓸려 매수하고 매도하는 뇌동매매는 반드시 손실이라는 결과로 이어집니다. 그러니 주식투자는 반드시 여유자금으로 해야 합니다.

---

2   피터 린치 · 존 로스차일드, 《전설로 떠나는 월가의 영웅》, 국일증권경제연구소, 2017년.

주식 격언 2 분할매수, 분할매도 하라

주식투자에서 가장 중요한 문제 중 하나는 "어떻게 리스크를 관리할 것인가?"입니다. 그런 맥락에서 예상치 못한 시장의 충격이나 사건에 대비해 분할로 매매하는 습관은 주식투자 혹은 매매에 있어 필수입니다. 증권사의 VIP 고객인 부자들이 공통적으로 보유한 투자 습관은 분할매매입니다. 주가가 하락할 때 분할로 매수하여 투자 금액을 늘리고, 주가가 상승할 때에는 조금씩 차익을 실현하며 작은 수익률을 쌓아가는 것이죠.[3] 이는 투자금이 일반인들에 비해 큰 만큼 원금 손실을 극도로 기피하기 때문입니다. 잃지 않는 투자를 하기 위해서는 리스크를 최소화하여 분할로 주식을 매매하는 습관이 중요합니다.

그렇다면 분할매매란 무엇일까요? 분할매수, 분할매도는 일괄매수, 일괄매도의 반대말입니다. 예를 들어, 투자자가 A라는 회사의 주식을 살 때 25,000원에 20주를 매수한다면 이것은 일괄매수입니다. 25,000원에 20주를 매도한다면 일괄매도가 되고요. 한편 24,000원에 8주, 25,000원에 8주, 26,000원에 2주, 27,000원에 2주로 네 차례 나누어 매수하는 것을 분할매수, 이렇게 나누어 매도하는 것을 분할매도라고 합니다. 즉 투자하기로 정한 금액을 기한을 정해 나누어 매수하거나 매도하는 것을 분할매매라고 합니다.

분할매매의 필요성은 모두 공감할 것입니다. 하지만 분할매매를 익히 알고 있음에도 처음 주식을 시작하는 초보 개인투자자들은 실천하

---

3 〈고액자산가들, 조정장서 분할매수로 수익 창출〉, 한국경제, 2018년 3월 4일.

기 어렵습니다. 왜 그럴까요? 바쁘다 혹은 귀찮다는 핑계와 욕심 때문입니다. 초보 투자자는 주가가 상승 추세에 있으면 더 오를 것 같은 마음에 덜컥 많은 물량을 조급하게 매수하는 경향이 있습니다. 또 반대로 주가가 조금만 내려도 급하게 매도합니다. 혹은 '좀 더 오르면 팔아야지.' 하다가 주가가 갑자기 하락하면 그제야 급하게 전부 매도합니다. 그리고 이후에 주가가 추가로 상승하면 결정을 후회합니다. 만약 분할로 매수하거나 매도했다면 이런 아쉬움은 줄어들었을 것입니다.

우리는 100만 원을 시드머니로 주식투자를 시작하니까 당장 눈에 보이는 손해가 몇천 원 혹은 몇만 원으로 적어 보일 수 있습니다. 하지만 앞으로 투자금이 500만 원, 1,000만 원으로 늘어난다고 생각한다면 단 몇 퍼센트의 손해도 가볍게 여겨서는 안 됩니다. 이를 적게 보고 손절매하는 습관이 생긴다면 수익과는 멀어집니다. 좋은 투자 습관이 지속적으로 확실한 수익을 낼 수 있는 투자를 만듭니다. 우리가 맨 처음 이야기했던 워런 버핏의 두 가지 투자 원칙, 아직 기억하고 계시지요?

주식 격언 3 무릎에 사서 어깨에 팔아라

무릎에 사서 어깨에 팔라는 말은 '최저점을 맞추어' 매수하려 하지 말고, '최고점을 맞추어' 매도하려 하지 말라는 의미로 마켓타이밍을 맞출 수 없다는 말과도 일맥상통합니다. 처음 주식투자를 시작하기 전에 이 격언을 듣고 '뭐 이런 말이 다 있어?'라고 생각했습니다. 싸게 사고 비싸게 팔아야 더욱 이익이라는 건 기본 중의 기본 상식이니까요.

하지만 투자를 하면서 격언이 지닌 의미를 비로소 크게 공감하고

분할매수, 어떻게 해야 하나?
#정액투자 #정률투자

분할로 매매하기 위해서는 먼저 투자하고 싶은 기업을 선택해야 합니다. 또한 얼마의 비중으로 투자할지 결정해야 합니다. 그러고 나서야 분할로 매수를 할 수 있겠죠? 그렇다면 구체적으로 어떻게 분할해서 주식을 살까요? 초보 투자자가 선택할 수 있는 분할매수 방법은 무엇일까요? 가장 대표적인 분할매매 방법은 정액투자와 정률투자입니다.

가장 쉬운 방법은 좋은 기업을 발굴한 뒤 매달 기계적으로 정해진 금액만큼 주식을 매수하는 것으로, 이를 정액투자라고 부릅니다. 정률투자는 [주식 : 현금] 혹은 [주식 : 채권]과 같이 투자의 비중을 늘 동일하게 맞추어 매수하거나 매도하는 방식입니다. 한 달에 한 번 혹은 분기별로 기간을 정해 비율을 맞추어가며 분할로 대응합니다.

마지막으로 정말 중요한 포인트는 분할매수, 분할매도 과정을 모두 엑셀 파일로 정리해두어야 한다는 점입니다. 분할 대응 기간은 투자 방법에 따라 1주, 1개월 내지는 수개월 이상이 될 수도 있는데 우리의 기억력에는 한계가 있기 때문입니다. 게다가 본업이 있는 상태에서 투자를 하면 일에 치여 왜 투자했는지조차 잊을 수 있기 때문에 모든 매매와 투자 이유 등을 기록하는 습관은 필수입니다. 특히 추가 매수 시에 변화하는 평단가를 미리 정리해두며 매매하는 습관을 갖는다면 시장의 변화에 두려워하지 않고 대응할 수 있습니다. 이때 물타기와 분할매수를 구별해야 합니다. 분할매수는 분명한 사전 계획과 근거에 따라 매수하는 것입니다. 반면 물타기는 계획되지 않은 추가 매수로 단순히 평단가를 낮추려는 목적입니다. 하지만 물타기를 하면 주가의 추가 하락 시 오히려 손실이 크게 늘어납니다. 결국 핵심은 계획 없이, 근거 없이 무리하게 투자하지 않는 것입니다. 그러면 자연스럽게 리스크를 피하기 위해 분할로 매수하고 매도하게 됩니다.

아모레퍼시픽 월봉차트

25만 원은 바닥이란 의견이 있었으나, 바닥을 뚫고 지하실로 내려갔다. (모바일증권 나무 > 주식현재가 > 차트 탭)

휠라코리아 월봉차트

1년이 채 지나지 않아 2만 원에서 4만 원으로 100%가 올라 고점 논란이 있었으나 8만 원까지 상승했다가 이후 5만 원까지 하락했다. (모바일증권 나무 > 주식현재가 > 차트 탭)

이해할 수 있었습니다. 최저점에서 주식을 매수하려고 욕심을 내다가 아예 매수를 못 하는 상황이 발생할 수도 있고, 반대로 최고점에서 매도하려 욕심을 내다가 오히려 수익을 덜 볼 수 있기 때문입니다. 게다가 주식이 하락 추세에 있을 때에는 어디가 바닥인지 가보지 않으면 알 수 없습니다. 반대로 상승 추세에 있는 주식 역시 어느 지점이 머리인지 알기 어렵습니다.

처음에 투자를 할 때 마켓타이밍을 맞출 수 없다는 데에 공감하면서도 거시 지표와 시장 뉴스를 분석하며 마켓타이밍을 잡으려 노력하였습니다. 그러고는 제 모든 노력과 수고가 매우 고생스러운 시간 낭비였다는 걸 경험을 통해 알게 되었습니다. 이 글을 읽고 계시는 독자분들도 투자를 시작하신다면 결국에는 저와 비슷한 경험을 하실 것이라 생각됩니다. 스스로 경험하며 깨닫게 되시길 바랍니다.

결국 "무릎에 사서 어깨에 팔라"는 말은 두 번째 격언인 분할매매와 연결됩니다. 마켓타이밍을 노리고 무리하게 매수 혹은 매도하지 않고, 분할로 매수하고 매도하게 되면 자연스럽게 무릎에 사서 어깨에 파는 것과 같은 결과가 나올 것입니다.

주식 격언 4 소문에 사서 뉴스에 팔아라

너무나도 유명한 격언으로, 뉴스에서 대대적으로 보도하기 시작하면 '살 때'가 아니라 '팔 때'라는 뜻입니다. 주식은 기대감에 움직입니다. 바꿔 말하면 아직 이벤트가 발생하기 전에 오르고, 막상 기대했던 이벤트가 발생하고 난 뒤에는 오히려 주가가 하락합니다. 특정 이벤트가 언론에서 크게 보도되기 이전에 '기대감'으로 주식을 사고 기대가 현실이 될 때 즉, 뉴스에서 다루기 시작하면 팔아야 할 타이밍입니다. 많은 초보 투자자들은 거꾸로 뉴스를 보고 정보를 얻어 투자를 합니다. 하지만 우리가 기사를 통해 접하는 정보의 대부분은 이미 늦은 정보입니다. 특정 기업의 주가가 크게 오른 뒤에야 뉴스에 등장합니다. 단순히 뉴스 기사에 매료되어 고점에서 주식을 사면 안 됩니다. 2018년

2018년 5월 남북정상회담 당시 현대엘리베이와 현대로템의 일봉차트

남북정상회담이 열리기 하루 전인 2018년 5월 25일 금요일에 현대엘리베이와 현대로템의 주가가 20% 이상 급락했다. 그러나 다음 날 시장의 기대를 뛰어넘는 모습이 연출되자 돌아온 월요일에 주가는 다시 급등했다. (모바일증권 나무 > 주식현재가 > 차트 탭)

에 주식시장을 휩쓸었던 남북경협주를 통해 기대감이 과도하게 주가를 띄우고, 거품이 꺼지면 어떤 일이 발생하는지 살펴보겠습니다.

2018년 초, 단절되었던 남북 대화가 시작되면서 남북정상회담이 논의되기 시작했습니다. 회담이 개최되기 전부터 북한과 아주 작은 연결고리라도 있는 기업들은 주가가 크게 들썩였습니다. 남북경협주의 대장주로 불리는 현대로템과 현대엘리베이터의 주가는 4월부터 지속적으로 올랐고, 주가는 두 달도 채 되지 않아 100% 넘게 급등하였습니다. 보는 그대로 버블이 생긴 것이죠. 거의 매일 현대로템이 신고가를 갱신했다는 기사가 쏟아졌습니다. 그런데 정상회담 개최 하루 전인 2018년 5월 25일 금요일에 갑자기 주가가 20% 이상 급락했습니다.

마침내 정상회담 당일인 26일 토요일, 남과 북의 정상이 판문점의 북측 통일각에서 만나는 모습이 생중계됐습니다. 과거와 다른 이례적인 상황이 연출되었습니다. 이는 시장의 기대를 뛰어넘는 장면이었죠. 그 결과 돌아오는 28일 월요일, 시장은 바로 반응하여 30% 급등, 당일 상한가로 마감합니다. 하지만 정확히 일주일 뒤인 6월 4일 월요일에 최고가 45,500원을 찍고 나서 주가는 곤두박질쳤고, 이후 7월 말까지 두 달 이상 하락하였습니다.

다른 비슷한 예로, 게임주의 경우 신작이 출시되기 이전에 주가가 상승하고, 신작 공개 이후 오히려 하락합니다. 엔터주는 유명 아이돌 그룹의 컴백 발표 전에 주가가 오르다가 신곡 발표 후 오히려 주가가 하락하는 경우가 비일비재합니다. 기업의 지금 당장의 실적도 주가에 영향을 주지만, 현재의 실적은 이미 주가에 반영되어 있는 경우가 많습니다. 주가는 아직 반영되지 않은 내년 전망 등에 따라 움직입니다.

소문은 소문일 때가 가장 강력합니다. 무슨 뜻일까요? 시세를 움직이는 정보나 재료는 소문 단계에서 가장 큰 힘을 발휘한다는 이야기입니다. 기대감이 부풀면 적정 주가 이상으로 주식 가격이 상승합니다. 그 실체가 모호할수록 기대감은 더 커지는 경향이 있습니다. 반대로 악재로 인한 공포감은 과도하게 주가를 하락시키곤 합니다. "공포에 사라."는 또 다른 격언도 여기서 나옵니다. 실질적인 장부상의 변화가 아니라 단순히 기대감 혹은 공포감으로 움직인 주가는 장기적으로 결국 적정가치로 회귀하기 위해 하락하거나 상승합니다.

혹시 소문을 듣고 주식을 성공적으로 샀다면, 반드시 뉴스에 팔아야 합니다. 단기간에 급등한 주가는 대부분 오른 기간보다 더 짧은 기간에 하락하기 때문입니다. 파티가 끝나고 거품이 빠질 때는 항상 패닉이 일어난다는 사실을 잊어서는 안 됩니다.

주식 격언 5 산이 높으면 골이 깊다

남북경협주와 같이 기업의 내재가치와 무관하게 투자자의 광기로 급등한 종목은 때가 되면 반드시 급락하기 마련입니다. 그때가 언제인지는 아무도 모르지만 말이죠. 게다가 주가가 오를 때와 내릴 때의 속도는 동일하지 않습니다. 급락하는 속도는 급등하는 속도보다 훨씬 빠릅니다. 오를 때에는 3개월이 걸렸지만 1개월 만에 3개월 동안의 상승분을 모두 반납하는 경우가 흔합니다.

초보 개인투자자들이 광기에 휩싸이기 쉬운 이유는 대개 본업이 있는 상태에서 본인의 판단이 아닌 남의 이야기만으로 쉽게 주식에 뛰어들기 때문입니다. "이쪽으로 빠삭한 지인이 있는데, 이 기업의 주가가 곧 급등할 것이라더라." 같은 말에 혹해 비상금을 투자합니다. 애초에 남의 이야기로 혹은 명확한 확신 없이 투자를 했기 때문에 주가의 급등락은 초보 투자자를 두렵게 하고, 이성을 잃게 만듭니다.

주가가 언제까지 급등하고, 언제 급락할지 아무도 모릅니다. '이 정도면 주가가 과도하게 상승했으니 이젠 하락하겠지?' 했는데 상한가

손절매 기준은 어떻게 정하나요?

주식에서 많이 쓰는 용어인 손절(損切), 손절매(損切賣)는 영어로 로스컷(loss cut)입니다. 쉽게 말해 비싸게 사서 싸게 파는 거래를 말합니다. 주가 상승을 기대하고 투자했는데 반대로 주가가 하락했을 때, 반등하지 않고 앞으로 더 하락할 것으로 예상될 때 더 큰 손실을 피하기 위해 지금의 손실을 감내하고 주식을 파는 거래를 말합니다.

유튜브 구독자들에게 많이 들었던 질문 중 하나는 "몇 퍼센트 하락했을 때 손절해야 하나요?"입니다. 하지만 워런 버핏의 투자 원칙 두 가지를 아직 기억하고 계시죠? 주식투자를 시작도 하지 않았는데 손절을 먼저 고민하면 안 됩니다. 물론 사람은 누구나 실수를 할 수 있습니다. 예를 들어 소위 '카더라 통신'만 믿고 잘못 투자를 해서 어차피 손절해야 한다면 어떻게 해야 할까요? 꼭 손절매를 해야 한다면 빠르게 과감히 하는 것이 좋습니다. 하락은 쉬워도 상승하기는 배로 어렵기 때문입니다.

다음 표를 살펴보면 왜 상승할 때 2배로 힘든지 그 이유를 발견할 수 있습니다. 100만 원을 전부 투자한다고 가정해 보겠습니다. 만약 내가 산 주식이 -3%만큼 하락했다가 다시 원금만큼 회복되기 위해선 +3.1%만큼 상승해야 합니다. 그리고 -5%만큼 하락했다가 원금으로 회복하기 위해선 +5.3% 상승해야 합니다. 계속해서 -20%만큼 하락했다가 다시 원금으로 회복하기 위해선 +25% 상승해야 하고, -40%에서 다시 원금으로 회복하기 위해서는 +66.7% 상승해야합니다. 눈치채셨지요?

저도 처음 투자할 때 놓쳤던 사실입니다. -50%의 손실을 회복하기 위해서는 +50%가 아닌 +100%의 수익이 필요합니다. 100만 원의 -50%는 50만 원입니

원금	손실률	잔고	원금 회복을 위해 필요한 상승률
1,000,000	- 3%	970,000	3.10%
1,000,000	- 5%	950,000	5.30%
1,000,000	-10%	900,000	11.10%
1,000,000	-15%	850,000	17.60%
1,000,000	- 20%	800,000	25.00%
1,000,000	- 25%	750,000	33.30%
1,000,000	- 30%	700,000	42.90%
1,000,000	- 35%	650,000	53.80%
1,000,000	- 40%	600,000	66.70%
1,000,000	- 45%	550,000	81.80%
1,000,000	- 50%	500,000	100.00%

다. 그런데 50만 원이 다시 100만 원이 되기 위해서는 +100% 상승해야 합니다. 그러니 어차피 손절을 해야 한다면 뼈를 깎는 고통을 감내하더라도 빨리 하는 것이 좋다는 결론이 나옵니다.

만약 기술적 매매로 단기 주식투자를 고려 중이라면 반드시 손절매 원칙이 필요합니다. 이때 손절 라인은 적게는 1~2%에서 많게는 3~5% 이내로 잡아야 합니다. 그렇지 않으면 손실이 기하급수적으로 늘어나기 때문입니다. 위의 표에서 빨간색으로 표시된 부분이 추천하는 손절 라인입니다. 월스트리트 역사상 최고의 개인투자자로 칭송받는 제시 리버모어의 손절매 기준은 10%였습니다. 하지만 일반적인 직장인 투자자들은 단기적으로 빠르게 대응하기 힘듭니다. 그래서 직장인 투자자라면 여유자금으로 장기적이고 안정적인 투자 방법을 선택하는 것이 성공하는 투자의 첫걸음입니다.

를 간다거나, '많이 빠졌으니 반등이 나오겠지.' 생각했는데 또다시 하락한다거나 합니다. 단기적인 주가의 등락은 누구도 예측할 수 없습니다. 예측할 수 없는 것을 예측하려는 욕심 때문에 투자자들은 이성을 잃고 잘못된 선택을 하는 실수를 저지릅니다.

단순히 '주가가 많이 올랐으니까, 더 오르겠지?' 하는 마음에 투자해서는 안 됩니다. 산이 높으면 골이 깊은 법이기 때문입니다. 산을 오를 때 모든 체력을 다 써버리면 안 됩니다. 그렇게 된다면 내려오지 못하거나 내려오다가 다칩니다. 오르막길에서는 내리막이 올 것을 염두하고, 내리막에서는 오르막을 생각할 수 있어야 합니다. 계속 오르기만 하는 주식은 결코 없기 때문입니다. 무엇보다 현재 주가가 적정한지 혹은 상승하거나 하락하는 분명한 이유를 고민해 보아야 합니다.

주식 격언 6 달걀을 한 바구니에 담지 마라

달걀을 한 바구니에 넣었다가 떨어뜨려본 적 있나요? 저는 비슷한 경험이 있습니다. 살짝 충격을 받았을 뿐인데도 박스에 있던 달걀이 거의 다 깨져서 무척 놀랐습니다. 만약 달걀을 여러 바구니에 나누어 담았다면 한 바구니에 있는 달걀이 모두 깨져도 나머지 달걀은 안전하겠죠? 달걀을 한 바구니에 담지 말라는 얘기는 리스크를 줄이기 위해 투자금(달걀)을 한 가지 자산에만 투자하지 말고, 여러 자산군에 분산해서 투자해야 한다는 말입니다. 예를 들어 투자금 200만 원이 있다면, 절반인 100만 원은 주식에 투자하고, 나머지 100만 원은 주식시장과 반대로 움직이는 금이나 달러와 같은 안전자산에 투자, 혹은 주식시장과 상관관계가 적거나 거의 없는 상품에 투자하는 방식이죠.

주식투자와 관련해 미시적인 관점에서 분산투자에 대해 좀 더 이야기해보려 합니다. 가장 좋은 한 개의 종목을 찾아서 투자하는 것이 좋을까요? 아니면 여러 종목에 나누어 분산투자 해야 할까요? 주식 분산투자에 대해서는 투자자마다 의견이 다릅니다. 미국의 제럴드 러브파(派)는 "달걀은 모두 한 바구니에 담아야 한다."라고 주장했고, 앤드류 토비아스파(派)는 "모든 달걀을 한 바구니에 담지 마라. 바구니에 구멍이 날지도 모른다."라고 했습니다.[4] 어떤 주장을 따르는 것이 좋을까요? 10년 전에 우리가 삼성전자 주식 바구니에 모든 달걀을 넣었다면 좋았을 것입니다. 하지만 현대자동차 바구니에 달걀을 모두 넣었다면 큰 손실을 입었을 것입니다. 이에 피터 린치는 소규모 포트폴리오의 경우 3~10개 정도의 종목을 보유하면 마음이 편할 것이라 제안했고, 벤저민 그레이엄은 20개 정도의 기업에 분산투자하는 것이 안전하다고 말하였습니다.

하지만 주식투자 방법에 정답은 없습니다. 개인의 투자 성향과 상황에 따라 최적의 투자법이 달라지기 때문입니다. 그렇기 때문에 본인이 어떤 분야에 강점이 있는지, 나에게 제일 잘 맞는 투자 방법이 무엇인지 끊임없이 고민해야 합니다. 저 또한 한 가지 종목에만 투자해보았고, 주식을 종류별로 나누어 분산투자도 해보면서 가장 최적화된 분산투자에 대해 고민 중입니다.

---

4 피터 린치 · 존 로스차일드, 《전설로 떠나는 월가의 영웅》, 국일증권경제연구소, 2017년.

다만 한 가지 명심해야 할 점이 있습니다. 중요한 것은 종목의 수가 아니라 그 내용입니다. 단순히 분산투자 자체를 목적으로 알지도 못하는 주식에 투자하지는 말아야 합니다. 초보 투자자 중 이것저것 좋아 보여서 조금씩 주식을 매수했고, 그러다 본인이 관리할 수 없을 만큼 주식 수가 늘어나 30~50종목이 넘는 주식을 보유하게 된 분이 있습니다. 감당할 수 없을 정도로 많은 기업의 주식을 사모으는 것 역시 그 자체로 리스크입니다. 저 또한 비슷한 경험을 해보았습니다. 그렇기 때문에 본인이 스스로 관리할 수 있을 만큼만 분산하여 투자해야 한다는 원칙을 세웠습니다.

주식 격언 7 달리는 말(기차)에 올라타라

'추세에 순응해야 한다.'는 뜻입니다. 추세라는 것은 일정한 방향으로 나아가는 힘을 말합니다. 상승 추세든 하락 추세든 일단 추세가 결정되면 일정 기간 지속됩니다. 그러니 달리는 말에 올라타라는 말은 주가가 상승 추세에 있을 때 매수해도 늦지 않는다는 뜻입니다. 유명한 영국의 경제학자 데이비드 리카도는 "손실은 자르고 이익은 달리게 놔둬라."라는 말을 남겼습니다.

상승 추세에 있는 기업 중 특히 신고가[5] 종목이 매물대가 없는 만큼 더 쉽게 상승합니다. 하지만 달리는 말에 올라타는 것은 "공포에 사

---

5 신고가 : 새롭게 형성된 가장 높은 가격. 통상 최근 52주를 기준으로 주가가 가장 높은 가격에 도달했을 때 '52주 신고가를 경신했다'고 한다.

라."는 말만큼이나 정말 어렵습니다. 신고가 종목은 최근 52주 중 가장 비싼 가격이라는 의미입니다. 초보 투자자 입장에서는 '내가 주식을 산 이후에 주가가 떨어지면 어떡하지?'라는 두려움 때문에 비싼 가격을 주고 신고가 종목을 선뜻 매수할 수 없습니다. 현재 주가가 합당한지, 기업의 적정가치를 계산할 수 없기 때문입니다. 혹시 나름대로 리포트를 살펴보며 해당 기업의 적정주가를 계산했어도 자신의 판단에 확신을 갖기 어렵습니다.

달리는 말 위에 올라탈 때는 이미 어느 정도 상승한 주식에 투자한 사실을 기억하고 절대로 과욕을 부리면 안 됩니다. 분명한 원칙 없이 그저 오르는 종목이라는 이유로 접근했다가는 큰 손실을 볼 수 있습니다. 매매의 관점에서 달리는 말에 접근할 때에는 매수한 이후 다음 액션(추가 매수나 추가 매도)에 대한 시나리오가 준비된 상태에서 매매해야 합니다.

자, 총 일곱 가지 주식 격언을 다루어 봤습니다. 모든 주식 격언은 어렵지 않고 누구나 상식적으로 생각하면 쉽게 이해할 수 있습니다. 하지만 막상 투자를 시작하면 욕심에 눈이 멀어 열심히 공부했던 내용들을 다 까먹지요. 저는 주식 격언들을 늘 가까이 두고 투자에서 이기는 습관을 기르려 노력하고 있습니다. 워런 버핏의 두 가지 투자 원칙과 주식 격언 7개를 꼭 기억해주세요!

주식의 '주' 자도 모르는 이들을 위한 개념 정리

주식 소유 = 기업 소유

옷이나 전자제품을 갖기 위해서는 합당한 가격을 지불해야 합니다. 회사를 소유하기 위해서도 값을 지불해야 합니다. 회사 전체를 소유하기 위해 지불해야 하는 회사의 가격을 '시가총액(시총)'[6]이라고 합니다. 기업을 여러 사람이 조금씩 소유할 수 있게 소유권을 쪼개놓았는데 이것이 '주식'입니다. 회사 전체(시가총액)를 발행된 주식 수만큼 나누어 쪼갠 것이 주식 1주당 가격입니다. 그러니까 주식이란 회사의 소유권입니다.

주식투자를 한다는 것은 우리가 사고 싶은, 소유하고 싶은 회사를 고른다는 말이 됩니다. 그래서 주식(株式)을 소유한 사람을 주인 주(主) 자를 써서 주주(株主, Stockholder)라고 부릅니다. 회사의 주인인 주주는 본인이 소유한 지분만큼 회사의 경영에 참여할 수 있고, 배당금을 받을 수도 있습니다.

예를 들어보겠습니다. A라는 기업의 시가총액이 1,000억, 발행 주식 수가 1,000만 주라 가정하면 A기업의 1주당 가격은 1만 원이 됩니다. 만약 개인투자자 B씨가 투자금 10억으로 A기업의 주식(보통주)을 산다면 B씨는 A기업의 지분 1%를 보유한 주주가 됩니다. B씨는 보유한 지분만큼 A기업의 경영에 참여할 수 있고, 배당금을 받을 수도 있

6　시가총액(시총) : 상장된 주식의 총수 X 현재 주가

습니다.

1주만 있어도 주주총회에 참석할 수 있다

주식은 기업의 소유권이고, 주식을 보유한 기업의 주인을 주주라 부른 다고 배웠습니다. 그런 기업의 주인인 주주들이 정기적 혹은 비정기적 으로 모여서 회사의 경영에 대해 논의하고 중요한 안건을 투표로 결 정하는 회의를 주주총회라고 합니다. 주주총회 장면은 로맨스 드라마 에서 자주 등장하기 때문에 많이들 본 적이 있을 것입니다. 예를 들어 2011년 방영된 드라마〈시크릿 가든〉에서 김주원 역을 맡은 배우 현빈 씨는 로엘백화점 사장으로 등장합니다. 그리고 극중 박봉호 역의 배우 이병준 씨는 로엘백화점 상무로 등장합니다. 옆에서 대표인 현빈을 보 좌하면서 동시에 호시탐탐 현빈의 자리를 노립니다. 그리고 그때마다 등장하는 것이 '주주총회' 장면입니다. 주주총회에서 영향력을 행사할 수 있을 만큼의 지분, 즉 주식을 보유하여 사장인 현빈을 해임하기 위 해서입니다. 대기업 사장도 주주총회를 통해서 해임될 수 있습니다.

주주총회는 매년 결산기에 열리는 정기주주총회와 수시로 소집되 는 임시주주총회로 나뉩니다. 주주총회에서 회사의 임원진 교체, 인 수합병, 증자 및 감자 등의 중요 사안에 대해 결정하며, 주주들은 '1주 =1표'제로 주식 1주당 1표의 의결권을 행사할 수 있습니다. 그러니까 보유한 주식이 많을수록, 지분이 많을수록 더 큰 영향력을 끼칠 수 있 겠죠? 주주들은 자신이 보유한 주식의 가치가 올라갈 수 있게 회사가 성장할 수 있도록 경영을 감시합니다. 기업 운영진 역시 주가의 상승

삼성물산 제55기 정기주주총회 소집 통지장

주주총회 참석장

2019년 초, 삼성물산의 주주로서 받은 정기주주총회 소집 통지장과 참석장. 우편으로 도착한 소집 통지장에는 간단한 회의 목적과 준비물 등이 적혀 있고, 참석장에는 행사 가능한 의결권 수가 나와 있다.

을 위해서 옳은 판단을 하려고 노력합니다. 주식회사가 이런 방식으로 선순환을 만든다 하여 주식투자를 '자본주의의 꽃'이라고 부릅니다.

그렇다면 정기주주총회에는 어떻게 참석할까요? 결산기말 주주명부에 등재된 주주만 정기주주총회에 참석하여 의결권을 행사할 수 있습니다. 기업은 주주명부에 등재된 주주에게 정기주주총회 소집 통지장과 참석장을 보냅니다. 참석장과 본인 신분증을 소지하면 정기주주총회에 참석할 수 있습니다.

주주가 되었다면 기업에 관심을 갖고 정기주주총회에 참석하는 것이 중요합니다. 왜냐하면 기업 경영진의 의사결정이 주주들이 원하는 방향과 항상 같을 수는 없기 때문입니다. 때론 기업의 경영진이 주주들이 동의하기 어려운 결정을 내립니다. 이때 소액주주들은 비록 적은 의결권이지만 이를 행사하여 반대의 목소리를 낼 수 있습니다. 의결권 행사는 소액주주들의 입장을 분명히 밝힐 수 있는 기회이고, 경영진의 방만한 경영을 감시하는 역할을 합니다.

우리나라의 주주총회(주총) 개최지는 대개 서울과 경기도에 집중되어 있어 지방에 거주하는 주주들이 참석하는 데에는 물리적 제약이 있습니다. 게다가 대다수 기업들의 주총이 매년 3월 말에 집중되어, 여러 기업의 주총이 같은 날 동시에 열리기 일쑤입니다. 그래서 여러 기업들의 주식을 조금씩 보유하고 있는 소액주주들의 의결권은 사표(死票)가 되곤 합니다. 많은 경우 소액주주는 물리적, 시간적 제약으로 정기주총 참여가 어려웠습니다. 그런데 최근 주주들의 권익 강화를 위해 전자투표제를 도입하는 기업들이 늘어나는 추세입니다. 더불

K-evote 웹사이트

한국예탁결제원의 K-evote 전자투표 시스템을 통해 주주총회장에 방문하지 않고도 투표를 할 수 있다.

어 법무부와 예탁결제원에서는 기업 총수 일가의 경영권 남용을 견제하고 주주들의 의결권 행사를 위한 접근성을 개선하기 위해 전자투표제 의무화를 추진하고 있습니다.

주주들의 특권, 배당금 받기

기업은 일정 기간 동안의 수익 중 일부를 투자자들과 공유하기도 하는데 이를 배당금이라고 합니다. 배당금의 종류는 두 가지입니다. 현금으로 지급하는 현금배당과 주식으로 주는 주식배당이 있습니다. 하지만 배당금을 모든 기업이 주는 것은 아닙니다. 배당 횟수도 기업에 따라 다릅니다. 한 해에 1회 배당을 하는 기업도 있고, 중간 배당을 하는 기업, 혹은 분기마다 배당금을 지급하는 기업도 있습니다. 우리나라는 특히 이익 중 일부를 주주들과 나누는 배당금 문화가 미국 등 금융 선진국에 비해 아직 완전히 자리 잡지 못하였습니다. 하지만 우리나라 주식시장에도 배당 문화가 점차 성장하고 있습니다.

그렇다면 배당금은 어떻게 받는 걸까요? 배당기준일까지 기업의 주주명부에 이름이 올라가면 배당금을 받을 권리가 생깁니다. 배당기준일 당일 주식시장이 종료된 후 주주명부는 폐쇄됩니다. 이후에는 주식을 사도 배당받을 권리가 없어지는데 이를 배당락(Ex-dividend)이라고 합니다. 배당락 이후 일반적으로 기업의 주가가 떨어지는 현상이 나타나는데 이 또한 배당락이라고 부릅니다.

그렇다면 연말 배당금을 받으려면 언제까지 주식을 사야 할까요? 12월 결산법인[7]의 경우 배당기준일은 연말입니다. 그러니까 연말까지 주식을 보유하면 배당금을 받을 수 있습니다. 다만 12월 31일은 주식시장이 열리지 않으므로 12월 30일까지 주식을 보유해야 합니다. 그런데 주식은 결제되는 데 영업일 기준 3일이 소요됩니다. 쉽게 말해서 월요일에 주식을 사면 계좌에는 수요일에 주식이 들어옵니다. 즉 12월 28일에 주식을 사야 30일에 주식을 보유하게 되는 것입니다.

그러면 배당금은 언제 내 계좌로 들어올까요? 기업은 12월부터 배당에 대한 공시를 내기 시작하고 3~4월에 열리는 주주총회에서 배당

---

7 기업이 한 해 동안의 실적을 결산할 때 기준이 되는 기간을 회계연도(FY: Fiscal Year)라고 부른다. 결산은 손익을 확정 짓는 일이다. 한 해 동안 얼마나 사업을 잘했는지 성적표가 나오는 것.

에 대한 최종 승인을 하는 순서로 진행됩니다. 주주총회의 승인 후 한 달 이내에 주주들에게 배당금을 지급해야 하는데, 많은 수의 기업들이 3~4월에 주총을 하니까 대개 4~5월에 배당금을 받게 됩니다. 수령할 배당금 액수는 한국예탁결제원에서 우편으로 발송하는 배당금 고지서를 통해서 확인할 수 있습니다. 배당금은 증권계좌로 배당소득세(15.4%)를 공제하고 들어옵니다.

마지막으로 고배당주는 무엇일까요? 고배당주에 속하는 기업은 배

배당금 관련 용어

배당성향 : 배당금 총액 ÷ 당기순이익 × 100

이익 중에서 배당금이 차지하는 비율. 기업의 순이익이 100억인데 이 중 20억을 주주들에게 배당했다면 해당 기업의 배당성향은 20%가 된다.

주당 배당금 : 배당금 총액 ÷ 발행주식 수

배당금 총액이 20억인데 발행주식 수가 1,000만 주라면 주당 배당금은 200원이 된다.

시가배당률 : 주당 배당금 ÷ 현재 주가 × 100

배당기준일 주가 대비 배당금의 비율. 배당기준일 당일 주가가 10,000원이고, 주당 배당금이 200원이라면, 시가배당률은 2%이다. 주가와 시가배당률은 반대로 움직인다. 주가가 하락하면 시가배당률은 상승하고, 주가가 상승하면 시가배당률은 하락한다.

당성향이 높고, 안정적으로 수익을 내며 주주들에게 배당을 해온 기업입니다. 주가가 오르든 혹은 떨어지든 주식투자를 통해 꾸준히 은행이자보다 높은 배당수익을 챙길 수 있기에 주주들 입장에서 고배당주는 아주 매력적입니다. 그렇다면 어떤 주식이 고배당주일까요? 배당수익률과 배당성향을 따져볼 수 있습니다. 배당수익률은 주식 1주당 배당금을 현재 주가로 나눈 비율입니다. 예를 들어 S-OIL의 주가가 12만 원이고, 주주총회에서 주당 배당금이 6,000원으로 결정됐다면 배당수익률은 5%입니다. 배당성향은 당기순이익 중에서 배당금 총액이 차지하는 비율입니다. 수치가 높을수록 순이익 대비 배당 비중이 높아지니 고배당기업이 됩니다.

시장을 한눈에 볼 수 있는 지표, 주가지수

주식투자 경험은 전혀 없어도 '코스피'라는 단어는 들어보셨죠? 코스피는 우리나라를 대표하는 종합주가지수(KOSPI: Korea Composite Stock Price Index)입니다. 그러니까 종합주가지수와 코스피는 같은 말입니다. 처음에는 생소하여 두 가지가 헷갈릴 수 있지만 곧 익숙해질 테니 너무 걱정하지 않으셔도 됩니다. 종합주가지수(코스피)는 코스피시장에 상장된 기업들의 가치를 한꺼번에 보여주는데, 1980년 1월 4일의 시가총액을 100으로 두고 산출된 지수입니다.

주가지수(Stock Price Index)는 해당 시장에 상장된 모든 기업의 가치를 하나의 지표로 수치화하여 나타냅니다. 코스피시장에 상장된 기업의 시가총액 가치를 대표하는 지표가 코스피, 코스닥시장에 상장된 기업의 가치를 대표하는 지표가 코스닥입니다. 코스피가 우리나라를 대표하듯 각 나라에는 대표 시장이 있고, 그 시장의 주가지수는 해당 국가를 대표하는 기업의 가치를 한눈에 보여주는 지표가 됩니다. 그러니 각국을 대표하는 주가지수는 국가의 경쟁력을 보여주는 중요한 지표이기도 합니다. 매일 뉴스에 코스피 지수와 함께 미국의 다우존스 산업지수, 일본의 니케이 지수 등이 등장하는 이유입니다.

우리나라를 대표하는 코스피시장과 코스닥시장

우리나라를 대표하는 코스피시장은 다른 말로 유가증권시장이라고 부릅니다. 정확하게는 유가증권시장이 코스피시장보다 더 큰 개념입니다. 유가증권시장은 주식뿐만 아니라 채권과 같은 다양한 유가증권을 사고팔 수 있는 시장을 지칭하기 때문입니다. 하지만 코스피시장이 우리나라를 대표하는 제1시장이기에 관습적으로 같은 의미로 사용합니다. 코스피시장이 제1시장이라면 코스닥시장은 제2시장입니다. 한국에서 '주식시장'이라고 하면 보통 한국거래소(KRX: Korea Exchange)가 운영하는 코스피시장과 코스닥시장을 말합니다.

코스피시장은 1956년에 개장하였습니다. 전통 업종에 속하는 화학, 음식료 기업을 포함해 주요 대기업이 상장되어 있는데 삼성전자, 현대자동차, 포스코 등이 대표적입니다. 코스피시장은 우리나라를 대표하는 제1시장이라고 했지요. 그렇기에 아무나 진입할 수 있는 시장이 아닙니다. 코스피시장에 상장하기 위해서는 연간 매출액이 최소 1,000억 원 이상, 순이익은 50억 원 이상, 자기자본금 300억 원 이상 등의 자격

유가증권과 증권거래소

유가증권은 경제적으로 가치가 있는 유가물(有價物, 있을 유, 가격 가, 물건 물)에 대한 권리를 표시한 문서로 수표, 선하증권 등 그 종류가 다양하지만 가장 일반적인 것이 주식과 채권입니다. 회사 지분에 대한 권리를 표시한 것이 주식, 채무자에게 돈을 받을 권리를 표시한 것이 채권이 됩니다.

그렇다면 증권거래소(Stock Exchange)란 어떤 곳일까요? 말 그대로 증권을 사고팔 수 있는 곳입니다. 재래시장에서 채소와 과일을 사고팔 수 있듯이 말이죠. 전 세계에는 각 나라를 대표하는 증권거래소가 있습니다. 예를 들어 우리나라는 한국거래소, 미국은 뉴욕증권거래소, 일본은 도쿄증권거래소가 있습니다. 증권거래소가 운영하는 시장을 통해 주식, 파생상품, 채권 등을 매매할 수 있습니다.

요건을 갖추어야 합니다. 코스피에 상장하기 위한 자격 요건은 제2시장인 코스닥에 비해 까다롭습니다.[8] 그래서 철강, 조선 등 제조업 기반의 전통 업종에 속하는 기업들이 대다수였습니다. 그런데 얼마 전 IT 기업인 카카오와 바이오 기업인 셀트리온이 코스피시장으로 이전했습니다. 이런 변화를 통해서 기술과 산업의 변화를 엿볼 수 있습니다.

한편, 코스닥(KOSDAQ: Korea Securities Dealers Automated Quotation) 시장은 중소 · 벤처기업의 주식이 거래되는 시장입니다. 기술주 중심

---

8 한국거래소(KRX) 홈페이지에서 상장 요건을 확인할 수 있다. (www.krx.co.kr)

의 기업들이 상장된 미국의 나스닥(NASDAQ)을 벤치마킹해 1996년
에 만들어졌습니다. 코스닥시장에 상장하기 위한 요건은 연간 매출액
100억 원, 순이익 20억 원 이상 등으로 코스피에 비해 문턱이 낮은 편
입니다. 하지만 그렇다고 아무 기업이나 상장할 수 있는 것은 아닙니
다. 코스닥시장에는 CJ ENM, 메디톡스, 스튜디오 드래곤과 같은 IT,
바이오 중소 제조업체 등이 상장되어 있습니다. 코스닥시장의 주인공
은 코스피시장에 상장할 요건을 갖추지 못한 중소·벤처기업입니다.
그래서 흔히들 "코스피는 실적을 먹고 살고, 코스닥은 꿈을 먹고 산
다"고 말합니다.

　코스닥시장은 유가증권시장에 비해 상대적으로 상장 요건이 낮고,
개인투자자의 비중이 높은 편입니다. 코스닥기업은 시가총액에 비해
거래대금이 많은 편이고, 내부자 거래 등의 구설수에 휩싸이는 경우가
많기 때문에 투자를 할 때 이 점에 유의해야 합니다. 특히 기업의 규모

코스피와 코스닥 투자자 비율

매매현황	매매비중	시장별시간현황	일별매매	순매매현황	기간별매매

코스피	∨	업종 01	종합

구분		개인	외국인	기관계
매도	수량	292,762	48,012	25,105
	대금	19,278	14,327	9,667
	비율	44.34	32.95	22.23
매수	수량	283,239	54,934	27,040
	대금	18,877	13,984	10,325
	비율	43.42	32.17	23.75
순매수	수량	-9,523	+6,922	+1,935
	대금	-401	-343	+658

매매현황	매매비중	시장별시간현황	일별매매	순매매현황	기간별매매

코스닥	∨	업종 01	종합

구분		개인	외국인	기관계
매도	수량	659,335	41,641	13,524
	대금	34,224	3,658	1,820
	비율	85.22	9.10	4.53
매수	수량	641,698	59,150	17,800
	대금	33,057	4,243	2,545
	비율	82.31	10.56	6.33
순매수	수량	-17,637	+17,509	+4,276
	대금	-1,167	+585	+725

시장별 거래대금 비율을 살펴보면 코스피시장은 외국인과 기관투자자의 비중이 50% 이상이지만, 코스닥
시장은 개인투자자의 비중이 50% 이상이다. (미래에셋대우 HTS 화면)

핫한 기업만 따로 뽑아서 만든 주가지수

주가지수는 코스피, 코스닥 이외에도 코스피200, 코스닥150 등이 존재합니다.
코스피200은 1994년 6월 도입된 지수로 코스피를 대표하는 200개 기업의 가
치를 산출하여 만들어진 지수입니다. 1990년 1월 3일 기준으로 코스피200에
속하는 기업의 시가총액이 얼마나 변했는지 보여줍니다. 시장의 대표성, 유동성,
시가총액 등을 기준으로 200개의 종목이 선발되는데, 종목은 매년 1회 정기적
으로 변경됩니다. 정기 변경일은 6월 선물 최종 결제일의 다음 거래일입니다.

코스닥150은 2015년 7월 13일에 발표된 주가지수로 2010년 1월 4일 지수를
1000으로 두고 산출된 지수입니다. 코스닥에 속하는 중소형주 위주의 지수로,
코스피200과 다르게 6월과 12월 연간 두 차례 정기 변경을 실시합니다. 정기
변경일은 6월과 12월 선물 최종 결제일의 다음 거래일입니다.

마지막으로 KRX300은 가장 최근 등장한 주가지수로 코스피와 코스닥에 상장
된 300개 우량기업의 통합 주가지수입니다. 구성종목은 코스닥과 마찬가지로
매년 2회 6월과 12월에 변경됩니다. 아직은 코스피200과 코스닥150에 비해
자금 규모가 작습니다. 각 지수의 구체적인 심사 기준은 KRX 홈페이지에서 확
인할 수 있습니다.

(시가총액)가 3,000억 원 이하로 작은 경우 주가 조작의 대상이 되기
도 하고, 테마주로 분류되는 경우 급격한 변동을 보이기도 합니다.

시장에서는 상장기업 주식만 살 수 있다

국내 모든 주식회사의 주식을 유가증권시장, 코스닥시장에서 살 수 있는 것은 아닙니다. 자격 요건을 갖추어 각 시장에 상장(listing)된 기업의 주식만 살 수 있습니다. 그렇기 때문에 상장을 원하는 기업은 투자자의 관심과 투자를 얻기 위해 기업공개(IPO: Initial Public Offering)를 합니다. 기업공개는 기업이 어떤 사업을 하고 있는지, 매출이 얼마나 발생하는지 등을 포함한 사업계획을 외부 투자자들에게 공개하는 것입니다. 이렇게 기업공개를 하고, 정규 주식시장에 상장되면 시장에서 자유롭게 주식을 거래할 수 있게 됩니다. 이처럼 시장에서 거래할 수 있는 주식을 상장주식, 상장되지 않아 장내에서 살 수 없는 주식을 비상장주식이라고 합니다. 예를 들어 삼성전자의 주식은 유가증권시장에서 거래되지만, 방탄소년단(BTS)의 기획사로 유명한 빅히트엔터테인먼트의 주식은 아직 상장되지 않아 시장에서 살 수 없습니다.

그렇다면 비상장주식은 거래할 수 없는 걸까요? 장외시장(Over-The-Counter Market)에서 거래할 수 있습니다. 장외시장은 거래소를 거치지 않고 투자자 사이에 직접 주식이 거래되는 모든 시장을 말합니다. 장외거래는 사기 등의 위험에 노출될 가능성이 높기에 전문 중개기관이 존재합니다. 국내에서 가장 유명한 곳이 38커뮤니케이션입니다. 그리고 한국금융투자협회가 운영하는 장외시장 K-OTC(한국장외시장, Korea Over-The-Counter)가 있습니다. 하지만 비상장기업의 주식매매는 정보가 제한적이고, 환금성이 나쁘다는 단점이 있습니다. 그러니 초보 투자자들은 장내에서 투자하는 편이 안전합니다.

창업 초기 기업들의 시장, KONEX와 KSM

기업은 사업 초기 단계에서 자금 조달에 어려움을 겪습니다. 코넥스(KONEX, Korea New Exchange)는 창업 초기 중소 · 벤처기업들의 성장과 자금 조달을 돕기 위해 2013년도에 개설된 중소기업 전용 시장입니다. 코스닥시장에 상장할 자격을 갖추지 못한 초기 중소기업들을 위한 시장이지요. 창업 초기의 기업은 코넥스에 상장하여 경쟁력을 갖춘 이후 자격 요건을 갖추어 코스닥으로 이전상장 합니다. 예를 들어 코넥스시장 대장주로 불리던 엔지켐생명과학은 2018년 코스닥시장으로 이전상장 하였습니다.

코넥스에 상장된 기업들은 초기 단계의 기업으로 정규시장에 상장된 기업에 비해 안정성, 유동성과 환금성 등 많은 측면에서 투자 위험이 매우 높습니다. 사려는 사람도 팔려는 사람도 적기에 거래량이 적습니다. 그래서 1주만 거래되어도 3~5%의 큰 변동이 나올 수 있습니다. 그리고 분기별 보고서도 의무가 아닙니다. 사업보고서와 감사보고서만 나오기 때문에 상대적으로 정보가 부족하지요. 초보 투자자는 투자하지 않는 것이 좋습니다. 따라서 거래소에서는 코넥스 기업에 대한 투자에 제한을 두고 있습니다. 기본예탁금 1억 원 이상의 전문투자자 혹은 개인의 경우 소액계좌를 개설하여 3,000만 원 한도로만 투자할 수 있습니다.

마지막으로 KSM(Korea Startup Market)은 초기 스타트업을 위한 장외시장입니다. 2016년에 개설되었으며 KSM 전용 거래 계좌를 통해서만 거래 가능합니다. KONEX와 KSM은 상식으로 알고만 있어도 충분합니다.

코스닥 기업이 성장하면 코스피시장으로 이사할 수 있다

앞서 말했듯 주식시장은 자본주의의 꽃이라 불립니다. 주식시장을 통해 투자자와 기업 간의 선순환이 이루어지기 때문입니다. 기업은 시장을 통해 자금을 조달하여 사업을 키워나갈 수 있고, 투자자는 아직은 작지만 가까운 미래에 훨훨 날아갈 기업의 꿈에 투자하여 수익을 낼 수 있습니다. 코스닥 상장기업이 자격 요건을 갖추어 코스피시장으로 옮겨가는 것을 코스피 이전상장이라 부릅니다. 이전상장은 신규상

이전상장 당시 카카오 일봉차트

2017년 4월 카카오는 코스피시장으로의 이전상장을 발표하였고, 실제로 이전한 7월까지 계속해서 주가가 상승했다.

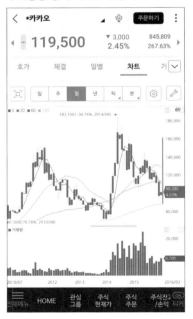

우회상장 당시 카카오 월봉차트

카카오(당시 다음카카오)의 기업가치는 2014년 합병 발표 이후 세 달 만에 2배가 되었다.

우회상장(Back-door listing) - 뒷문으로 들어가기

우회상장은 말 그대로 우회해서 뒷문으로 상장하는 방법입니다. 대개 비상장기업이 상장기업을 합병하거나 제3자 배정 유상증자[9] 등을 통해 경영권을 취득하는 방식으로 거래소에 상장하는 방법입니다. 우회상장은 정식 상장 절차보다 간편하고 시간이 단축된다는 장점이 있습니다. 대표적인 예가 카카오입니다. 카카오는 2014년 5월 코스닥 상장기업 다음커뮤니케이션을 인수합병하여 코스닥시장에 우회상장 했습니다. 카카오의 김범수 의장이 지분율 22.23%로 다음카카오의 최대주주가 되었습니다.

이런 우회상장은 기대감에 따라 호재로 분류될 수 있습니다. 2014년 다음커뮤니케이션과 카카오의 합병 발표 이후 3개월 만에 주가는 2배 이상 상승하였습니다. 각종 증권사에서 앞다투어 목표 주가 20만 원으로 매수 리포트를 냈고, 시가총액이 10조 원을 넘을 것이라는 뉴스가 연일 쏟아졌습니다.[10] 하지만 기형적으로 과도하게 오른 주가는 하락하기 마련입니다. 다음카카오는 결국 꿈의 가격에 도달하지 못했고 결과적으로 합병 전후 몇 개월 동안이 카카오의 최고 전성기였습니다. 4개월 동안 올랐던 주가가 이후 2년 내내 하락했기 때문입니다.

장만큼 절차가 까다롭지 않기에 대부분의 기업들은 먼저 코스닥에 상장하고, 이후에 기업 규모가 커져 자격 요건을 갖추면 코스피시장으로

---

9 제3자 배정 유상증자 : 주주가 아닌 제3자(특수 관계인이나 관련 기업 등)에게 새로 발행한 주식의 인수권을 주는 방식의 유상증자이다.

10 〈다음커뮤니케이션–카카오 주주총회서 합병 승인, 다음 목표 주가 최고 20만 원까지 치솟아〉, 파이낸셜뉴스, 2014년 8월 27일.

이사를 갑니다. 우리나라를 대표하는 IT 기업 네이버와 카카오 그리고 대표 바이오 기업 셀트리온이 코스닥시장에서 코스피시장으로 이전 상장 한 대표적인 예입니다.

코스피 이전상장 소식 발표는 대개 호재로 분류됩니다. 자금 규모 가 더 큰 시장으로 이전하여 자금이 유입될 것이라는 기대감 때문입 니다. 그래서 대개 이전상장을 하기 전에 주가가 크게 오르는 경우가 많습니다. 기대감이 높을수록 주가가 적정주가 이상으로 상승하기도 하는데 실제 이벤트가 벌어지고 나면 일정 부분 주가를 반납하는 경 우가 많으니 유의해야 합니다.

주식을 사려면 주식거래 전용계좌가 필요하다

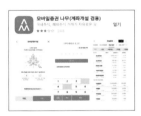  

과거와 달리 증권사 지점에 방문하지 않고도 비대면으로 주식거래 계좌를 개설할 수 있다. 왼쪽부터 NH투 자증권(모바일증권 나무), 삼성증권, 미래에셋대우의 주식거래 애플리케이션.

주식을 사기 위해서 가장 처음 해야 할 일은 주식거래 전용계좌 개설 입니다. 과거에는 증권사 지점을 직접 방문해야 했지만 이제는 집이나 회사에서도 스마트폰과 신분증만 있으면 주식 계좌를 개설할 수 있습 니다. 대부분의 증권사에서 비대면 계좌 개설 서비스를 제공하기 때문입니다. 게다가 최근에는 증권사 간의 고객 유치 경쟁으로 많은 증권사에서 주식거래 수수료 무료 등 다양한 이벤트를 진행하고 있습니다.

　주식을 하기 위해 계좌를 개설해야 한다고 말씀드리면 "어떤 증권사가 제일 좋나요?"라는 질문을 많이 하십니다. 저도 맨 처음 주식계좌를 개설할 때 같은 고민을 했습니다. 제 대답은 "주식거래 수수료 무료 이벤트를 하는 대형 증권사에서 만드세요."입니다. 왜냐하면 일반 개인이 사용하기에 특정 증권사의 시스템이 특출나게 좋다고 생각되지는 않기 때문입니다. NH투자증권, 미래에셋대우, 삼성증권, KB증권 등 여러 증권사의 HTS(Home Trading System)와 MTS(Mobile Trading System)를 사용해보았지만 큰 차이를 느끼지 못했습니다. 물론 사용 기간에 따라 익숙함의 차이는 있지만요.

　전문 트레이더가 아니라면 유명 증권사의 어떤 시스템을 이용해도 좋습니다. 제 경우에는 현재 투자 기간에 따라 계좌를 증권사별로 나누어 투자하고 있습니다. 스마트폰을 켜시고 '주식 비대면 계좌 개설'이라고 검색하면 증권사별 수수료 이벤트 정보를 확인할 수 있습니다.

손실이 나도 증권거래세는 내야 한다

많은 증권사에서 국내 주식거래 수수료 무료 이벤트를 진행하고 있습니다. 그렇다고 주식거래 할 때 수수료가 아예 없는 0원이라는 의미는 아닙니다. 이벤트 공지 아래를 자세히 보시면 작은 글씨로 '유관비용 제비용 제외'라고 적혀 있습니다. 그렇다면 유관비용, 제비용은 무엇일까요? 이는 증권사가 아닌 한국예탁결제원과 한국거래소, 금융투자협회에서 부과하는 수수료입니다. 유관기관 수수료는 현재 약 0.005%(유관기관 수수료는 증권사마다 다름)입니다. 예를 들어 100만 원어치 주식을 매수 혹은 매도한다면 유관비용 수수료는 100만 원 × 0.005% = 50원이 됩니다. 게다가 주식을 매도할 때에는 유관비용 이외에 증권거래세가 0.25% 부과됩니다. 100만 원 매도 시 100만 원 × 0.25% = 2,500원의 비용이 추가되어 총 2,550원의 세금 및 수수료가 발생합니다.

증권거래세는 두 가지 이유에서 논란이 되고 있습니다. 먼저 국내 증권거래세가 세계적인 추세에 부합하지 않는다는 이유입니다. 증권거래세는 간접세로 1960년대에 맨 처음 도입되어 한 차례 폐지되었다가 1978년에 재도입된 제도입니다. 그런데 미국, 일본, 독일 등의 경우 이미 과거에 증권거래세를 폐지하였고 중국, 홍콩, 태국 등은 0.1%의 증권거래세를 부과하고 있습니다. 그래서 우리나라의 증권거래세는 과도하다는 의견이 많습니다.

두 번째로 과세 기본 원칙에 부합하지 않는다는 점입니다. 주식을 매도하여 이자 수익이 발생했을 때에만 증권거래 '세금'을 내는 것이 아니라 손실을 보고 매도했을 때에도 세금이 동일하게 부과되기 때문입니다. 이는 '소득이 있는 곳에 과세한다'라는 과세 기본 원칙에 어긋납니다. 국내 증권거래세는 이러한 이유로 지속적으로 개인투자자들의 원성을 들어왔습니다. 하지만 당장 증권거래세를 인하하거나 폐지하면 세수 문제로 인해 국가 재정에 큰 부담이 될 수 있어 관련 문제는 국회 안팎으로 표류 중아었습니다. 그런데 2019년 6월 3일(결제일

기준)부터 증권거래세가 기존 0.3%에서 0.05% 인하되어 0.25%가 되었습니다. 그러니까 2019년 5월 30일 매매되는 종목부터 인하된 증권거래세가 적용되었습니다.

정리하자면, 완전 공짜는 없습니다. 증권사에서 주식거래 수수료 무료 이벤트로 계좌를 개설해도 여전히 유관비용 수수료 및 증권거래세(0.25%)는 내야 하고, 심지어 손절을 할 때에도 세금을 내야 한다는 사실을 기억해주세요. 그렇다면 좀 더 신중하게 주식투자에 임할 수 있지 않을까요? 주식을 자주 사고팔아 수수료를 까먹는 일이 줄어들 것입니다.

결제는 주문 체결 이틀 뒤에

주식은 주문일과 결제일이 다릅니다. 주식을 매수하거나 매도하는 즉시 돈이 출금되거나 입금되지 않습니다. 그래서 처음 주식투자를 시작하면 주문체결일과 결제일의 시차가 생소할 수 있습니다. 하지만 한번만 제대로 정리하고 넘어가면 헷갈리지 않을 수 있는 내용이니 함께 정리해봅시다.

주식을 사기 위해선 당연히 돈이 필요합니다. 주식투자를 하기 위해 100만 원을 주식 계좌에 입금하면, 100만 원은 이제 예수금이라는 이름으로 불립니다. 계좌를 확인하면 "D + 1 예수금 = D + 2 예수금 = 100만 원"이라고 나옵니다. 예수금은 현재 내 계좌에 '실질적'으로 들어 있는 금액임과 동시에 '당장 출금 가능한' 금액입니다.

주식매매 시 결제는 영업일 기준[11]으로 3일째 되는 날에 됩니다. 만

일요일 - 예수금 100만 원 입금

100만 원

월요일 - A기업 주식 20주 매수(주문 체결)

100만 원 | **주식 20주**

수요일 - A기업 주식 20주 매수 주문 결제

60만 원 | **주식 20주**

(단, 수수료와 휴장일은 고려하지 않는다.)

약 오늘(월요일로 가정) 1주에 2만 원 하는 A기업 주식을 20주 매수한다면, 비어 있던 주식 계좌에는 A기업 주식 20주가 표시되고, D + 1 예수금 = 100만 원, D + 2 예수금 = 60만 원으로 바뀝니다. 즉 A기업 주식 20주는 오늘(월요일) 내 계좌에 바로 표시되지만, 실제로 주식이 계좌로 들어오고 돈이 빠져나가는 시점은 이틀 뒤(T + 2)인 수요일입니다.[12] 반대로 주식을 매도할 때는 주문 체결 이틀 뒤에 돈을 받습니다.

개인투자자는 한국거래소에서 직접 주식을 사거나 팔 수 없고 오직 증권회사(정확하게 투자매매업 및 투자중개업 인가를 받은 증권회사 또는 금융투자회사)를 통해서만 주식을 매매할 수 있습니다. 그래서 증권사 계좌를 이용하여 주식을 매매하는 것이죠. 개인투자자가 증권사 시스템을 이용하여 주식 주문을 하면, 거래소는 매매 체결 결과를 증권사에 알리고, 증권사는 다시 고객(개인투자자)에게 알립니다. 주

---

11 영업일 기준 : 주말이나 공휴일 같은 증시 휴장일을 제외한 날이 기준이다.

12 D는 Day(하루)의 약자, T는 Transaction date(거래일)의 약자.

식시장은 수조 원이 오가는 시장이고, 정확한 전산 처리가 필수겠죠?
이러한 일련의 과정과 정확한 처리의 중요성을 생각하면 주문 체결일

주식매매 체결 과정[13]

기업의 상장, 주식매매 등은 모두 증권회사를 통해서 이루어집니다. 그래서 주
식거래를 하려면 증권계좌가 필요합니다. 개인은 주식거래 시스템 HTS(Home
Trading System)나 MTS(Mobile Trading System)를 통해 증권사에 주식 주
문을 위탁합니다. 증권사는 고객에게 소정의 수수료를 받고 거래소에 주문을
냅니다.

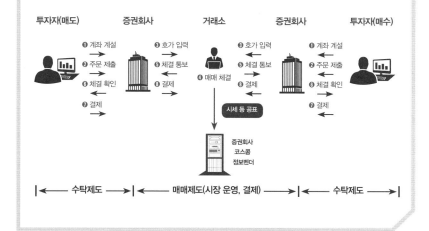

---

13 《주식시장 매매제도의 이해》, 한국거래소, 2010년.

과 결제일의 시차에 대해 좀 더 쉽게 이해할 수 있습니다.

　제가 주식투자를 시작한 지 얼마 안 되었을 때 일입니다. 결제일에 미수가 발생한 경험이 있습니다. 주식을 매수한 다음 날 급하게 돈이 필요해서 일부 인출하는 바람에 결제일 당일 미수가 발생한 것이죠. 쉽게 말해서 주식 매수 주문이 체결되었으니 값을 지불해야 하는데, 돈이 없어 빚이 생겼다는 말입니다. 물론 부족한 금액만큼 바로 입금하여 문제는 해결되었습니다. 그런데 입금할 돈이 없었다면 반대매매[14]로 손실을 볼 수도 있었습니다. 부디 저 같은 실수는 하지 않으시기를 바랍니다.

주식 시장 미리 보기

열고 닫는 시간도 알아야 한다

주식시장도 마트처럼 문 여는 시간과 문 닫는 시간이 있습니다. 우리가 별다른 수식어 없이 일반적으로 말하는 주식시장은 정규시장(정규장)을 말합니다. 정규시장은 오전 9시부터 오후 3시 30분까지 운영됩니다. 정규장 이외에 주식을 매매할 수 있는 시장을 시간외라고 합니다. 시간외시장은 정규장이 시작되기 전과 정규시장이 끝난 뒤에도 주

14　반대매매 : 고객이 증권사의 돈을 빌려 주식을 매수한 뒤, 빌린 돈을 약정한 기간 내에 갚
　지 않으면 고객의 의사와 관계없이 주식을 강제로 매도하는 시스템.

정규시장과 시간외시장의 매매거래 시간과 호가접수 시간

구분		매매거래 시간	호가접수 시간
정규시장		9:00~15:30(6시간 30분)	8:30~15:30(7시간)
시간외시장	장 개시 전	8:00~9:00(1시간)*	8:00~9:00(1시간)*
	장 종료 후	15:40~18:00(2시간 20분)	15:30~18:00(2시간 30분)

* 단, 장 개시 전 종가매매는 8:30~8:40(10분)

식을 사고팔 수 있는 시장입니다. 우리나라의 경우 오전 9시부터 오후 3시 30분까지 쉬지 않고 정규시장이 운영됩니다. 하지만 일본과 중국은 마치 식당의 브레이크타임(Break-time)과 같이 점심시간에는 휴장을 합니다.

주식시장은 국가 공휴일, 빨간 날에는 모두 휴장합니다. 그래서 설이나 추석 같은 명절에는 장이 열리지 않습니다. 그리고 평소와 달리 예외적으로 정규시장이 오전 10시에 개장하는 경우도 있습니다. 주식시장 개장일이나 대학 수학능력시험일에는 정규장이 1시간 늦게 개장합니다. 단축운영일이나 휴장일은 미리 달력에 표시해두는 것이 좋습니다. 그렇지 않으면 '왜 장이 열리지 않는 거지?' 하고 당황할 수 있기 때문입니다. 저도 수능날인 줄 모르고 9시부터 기다리는데 장이 열리지 않아서 전산 사고가 발생한 것은 아닌지 오해한 적이 있습니다. 언제 주식시장이 열리는지, 몇 시부터 몇 시까지 열리는지 알고 있는 것은 기본 중에 기본입니다.

증시 개장일, 폐장일 그리고 휴장일

개장일 : 한 해의 주식시장이 처음 열리는 날.

폐장일 : 한 해의 주식시장이 열리는 마지막 날.

휴장일 : 주식시장이 개장하지 않는 날. (매매 체결 및 결제가 되지 않음.)

    1. 관공서의 공휴일에 관한 규정에 의한 공휴일

    2. 근로자의 날 제정에 관한 법률에 의한 근로자의 날 (5월 1일)

    3. 토요일

    4. 12월 31일 (공휴일 또는 토요일인 경우에는 직전의 매매거래일)

    5. 기타 거래소가 필요하다고 인정하는 날

    주식투자를 시작하기 전에 그해의 주식시장 휴장일이나 단축운영일을 확인하여 다이어리와 달력에 체크해두는 것이 좋습니다. 저는 우리나라 주식시장 휴장일과 더불어 국내 증시와 연관 있는 미국과 중국의 휴장일도 표시해둡니다. 그리고 대부분의 증권사에서 증시 캘린더 서비스를 제공하고, 휴장일을 팝업이나 공지로 안내하고 있으니 크게 부담 가질 필요는 없습니다.

시가와 종가를 결정하는 동시호가 매매 (단일가 매매)

하루에 두 번 장전(8:30~9:00)과 장 마지막(15:20~15:30)에 시초가와 종가를 결정하는 데에는 동시호가(단일가) 주문 체결 방식이 적용됩니다. 동시호가제도는 매매 체결 원칙 중 시간이 배제된 방식으로 가격과 수량으로만 주문이 체결되는 제도입니다. 쉽게 말해, 주문 받는 시간과 체결되는 시간을 따로 나누었습니다. 일정 시간 동안은 (8:30~9:00 30분, 15:20~15:30 10분) 주문을 받기만 합니다. 그리고 누적된 주문들은 동시호가 주문 시간이 끝남과 동시에 가격과 수량이 일치되는 주문을 일시에(9:00, 15:30) 체결시킵니다. 이렇게 시가와 종가가 결정되고, 미체결 주문은 자동 취소됩니다.

　동시호가제도는 가격의 왜곡을 방지하기 위해 생긴 제도입니다. 일반적인 장전이나 장후 이외에 서킷브레이커(매매거래중단제도)나 변동성완화장치가 발동되는 등 갑작스럽게 주가의 변동이 발생했을 때에도 일시적으로 주문 방식이 동시호가 체결로 바뀝니다.

주문 유형 선택하기

정규장이 열리는 시간을 확인하고, 떨리는 마음으로 매수를 하려니 주문의 종류가 너무 많아 당황할 수 있습니다. 저도 맨 처음 주식을 매수할 때 주문 유형이 너무 다양해서 놀랐습니다. 어떤 주문을 선택해야 하는지 고민에 빠졌죠. 이번 파트는 주식 계좌를 이미 개설하셨다면 MTS 앱을 켜놓고 실제로 확인하며 읽어보시면 좋겠습니다.

　주식 주문의 종류는 1)보통가(지정가) 주문, 2)시장가 주문, 3)조건부지정가 주문, 4)최유리지정가 주문, 5)최우선지정가 주문 이렇게 다섯 가지 유형으로 크게 나눌 수 있습니다. 최유리? 최우선? 최씨 성을 가진 친구 이름 같지만 알고 보면 별로 어렵지 않습니다. 주문의 종류

동시호가 주문 체결 과정

	매도 주문	가격	매수 주문	
		44,600		
c	100주	44,500		
		44,400	300주	A
		44,300	200주	B
b	300주	44,200		
a	100주	44,100		
		44,000	100주	C
		39,900		

먼저 가격 우선의 원칙에 따라 가장 싸게 팔려는 매도자와 가장 비싸게 사려는 매수자가 체결이 됩니다.

1. (A-a) 44,400원에 100주 체결
2. (A-b) 44,400원에 200주 체결
3. (B-b) 44,300원에 100주 체결
⇨ 총 400주의 주문이 체결. 그 결과 44,300원에 미체결된 매수 잔량은 100주이고, 동시호가로 마지막 체결 단가 44,300원이 시가 혹은 종가가 됩니다.

는 주문 이름을 보고 생각보다 쉽게 직관적으로 이해할 수 있습니다. 하지만 한 번 정도 짚고 넘어가지 않으면 헷갈릴 수 있기 때문에 꼭

주식 주문 유형

보통가(지정가)가 기본 주문으로 설정되어 있다. 보통가(지정가) 주문을 선택하면 주문 수량과 가격을
모두 직접 설정할 수 있다. (모바일증권 나무 〉 주식 주문 탭 〉 휠라코리아 매수 화면)

정확하게 숙지해주세요. 실제 매매에서 적절한 주문 유형을 활용하면
좀 더 성공적으로 매매할 수 있습니다.

보통가(지정가) 주문

가장 일반적인 주문 형태로 수량, 가격 두 가지 모두 투자자가 지정하
여 매수하거나 매도하는 주문입니다. 여기서 지정한 가격은 주문자가
매매 가능하다고 판단한 '가격의 한도'입니다. 즉 매수 주문은 지정한
가격이나 그보다 낮은 가격으로만, 매도 주문은 지정한 가격이나 그보

다 높은 가격일 때만 체결됩니다.

　예를 들어, 고영 주식 10주를 82,500원에 매수 주문을 넣었다고 합시다. 지정한 82,500원 혹은 그보다 적은 금액에서만 매수가 체결됩니다. 반대로 10주를 82,900원에 매도 주문을 낸다면 지정한 82,900원이나 혹은 그 이상에서만 매도가 체결됩니다. 지정한 금액은 매수 시에는 "이 금액 위로는 못 사!", 매도 시에는 "이 금액 아래로는 못 팔아!"라는 의미입니다.

고영과 에이치엘비의 10단 호가

	#고영	◢		
32	83,600	-0.48%	거래량	47,469
1	83,400	-0.71%	전일비	287.76%
31	83,300	-0.83%	상승VI	91,300
10	83,200	-0.95%	하락VI	74,700
5	83,100	-1.07%	전일종가	84,000
82 ⓐ	83,000	-1.19%	상 109,200 30.00%	
48	82,900	-1.31%	하 58,800 30.00%	
28	82,800	-1.43%	시 83,000 1.19%	
5	82,700	-1.55%	고 84,400 0.48%	
132	82,600	-1.67%	저 81,400 3.10%	
체결강도 77.84%			이전화면	
— ↑ ↑ ↓ —	82,500	-1.79%	209	
82,500 1	82,400	-1.90%	5	
82,600 13	82,300	-2.02%	25	
82,600 3	82,200	-2.14%	21	
82,500 21	82,100	-2.26%	172	
82,500 34	82,000	-2.38%	172	
82,600 4				
82,600 11	81,900	-2.50%	13	
82,500 16	81,800	-2.62%	240	
82,500 1	81,700	-2.74%	6	
82,600 10	81,600	-2.86%	56	
82,500 1				
82,500 19				
82,600 3				
374	15:03:36		919	

	#에이치엘비	◢		
2,892	27,350	14.44%	거래량	2,470,675
1,640	27,300	14.23%	전일비	93.91%
1,435	27,250	14.02%	상승VI	28,800
1,324	27,200	13.81%	하락VI	23,500
1,601	27,150	13.60%	전일종가	23,900
3,147	27,100	13.39%	상 31,050 29.92%	
2,055	27,050	13.18%	하 16,750 29.92%	
2,517	27,000	12.97%	시 26,150 9.41%	
2,542	26,950	12.76%	고 27,650 15.69%	
1,406	26,900	12.55%	저 25,100 5.02%	
체결강도 118.26%			이전화면	
— — ↓ —	26,850	12.34%	300	
26,900 1	26,800	12.13%	629	
26,900 50	26,750	11.92%	1,033	
26,900 50	26,700	11.72%	1,019 -100	
26,900 113				
26,900 6	26,650	11.51%	2,523	
26,900 50	26,600	11.30%	1,213	
26,950 10	26,550	11.09%	925	
26,950 2	26,500	10.88%	2,654	
26,900 301				
26,900 1	26,450	10.67%	1,517	
26,900 10	26,400	10.46%	11,759	
26,900 5				
26,900 30				
20,559	15:04:44		23,572	

고영은 에이치엘비에 비해 상대적으로 거래량이 적고 호가창이 얇다. (모바일증권 나무 > MTS 10단 호가창)

지정가 주문의 경우 대체로 내가 지정한 호가에 주문이 체결되지만 호가창이 얇은 종목의 경우에는 지정가보다 저렴하게 매수되거나 비싸게 매도 주문이 체결되기도 합니다. 호가창이 얇다는 말이 무슨 뜻이냐고요? 한 호가당 존재하는 주문 물량이 적어, 적은 물량의 주문으로도 호가가 크게 변하는 경우를 말합니다. 예시를 통해 살펴볼게요.

고영과 에이치엘비는 시가총액 1조 초반의 코스닥 기업입니다.(2019년 7월 기준) 두 기업은 시총 규모 면에서 비슷하지만 평균 거래량은 5배 이상 차이가 납니다. 상대적으로 거래량이 적은 고영은 호가창이 얇아 적은 주문에도 호가의 변화가 큽니다. 에이치엘비의의 10단 호가주문 물량을 살펴보면 20,559주 매도 주문, 23,572주의 매수 주문이 보입니다. 반면 고영의 경우 374주의 매도 주문과 919주의 매수 주문이 보입니다. 심지어 고영은 한 호가에 나온 주문이 10주가 채 되지 않는 경우도 있습니다.

시장가 주문

수량만 지정하고, 가격은 지정하지 않는 주문입니다. 주문 즉시 매매할 수 있게 가장 유리한 가격 조건이나 현재 시점의 가격으로 즉시 매매할 때 사용하는 주문입니다. 그러니까 가격을 묻고 따지지 않고 빨리 매수하거나 매도하고 싶을 때 사용합니다. 예를 들어 앞서 나왔던 10단 호가 이미지를 참고하였을 때, 고영 주식을 시장가로 100주 매수 주문을 넣으면 82,600원에 100주가 체결됩니다.

시장가 주문은 주문한 수량이 시장 주문에 맞추어 모두 소진될 때까지 호가를 따라 움직이며 체결되기 때문에 매입 단가가 크게 올라갈 가능성이 있습니다. 그래서 엄청난 호재로 해당 종목이 당일 상한가에 도달한 채 장이 마감할 것 같을 때나, 그 반대의 경우 심한 악재로 해당 종목이 크게 급락하여 하한가로 마감할 것 같을 때 사용할 수 있는 주문 유형입니다. 급등주나 테마주의 경우 크게 급등했다가 급격하게 하락하는 경우가 있는데 이런 종목에 시장가 주문을 이용하여 급하게 매수하면 큰 손실을 볼 수 있으니 주의해야 합니다.

조건부지정가 주문

지정가 주문 + 시장가 주문의 두 가지 주문이 결합된 주문 유형입니다. 정규장 중에는 지정가 주문으로 체결되고, 만약 일부 수량이 체결되지 않았다면 잔여 수량은 종가 결정 시(장 종료 전 10분간 단일가 매매, 15:20~15:30)에 시장가 주문으로 자동 전환되는 주문입니다. 오늘 무조건 매수하고 싶거나 매도하고 싶은 종목이 있는데, 내가 낸 주문 가격이 보수적이라 체결이 될지 안 될지 모호할 때 사용하면 유용한 주문 유형입니다.

최유리지정가 주문 & 최우선지정가 주문

두 가지 주문 모두 시장가 주문과 비슷하게 수량만 지정하고, 가격은 지정하지 않는 주문 유형입니다. 시장가 주문처럼 막 상승하거나 하락하려는 조짐이 보이는 주식을 빠르게 매수하거나 매도할 때 이용할 수 있습니다.

다만, 주문 가격이 주문 시점에 가장 유리하거나 우선적인 하나의 가격으로 고정된다는 점에서 시장가 주문과 차이가 있습니다. 주문 시점의 가격에 체결할 수 있을 만큼만 거래를 하고, 가격이 크게 올라가거나 하락하면 미체결 잔량은 체결될 때까지 대기 상태가 되는 것입니다. 그러니까 지금 가격에 사면 좋고, 혹시 일부 주문이 체결되지 않으면 말아도 되는 상황에서 사용할 수 있는 주문 유형입니다.

최유리지정가와 최우선지정가의 차이는 무엇일까요? 입장의 차이가 있습니다. 최유리지정가는 상대방의 입장에서 가장 유리한 호가, 최우선지정가는 나와 동일한 입장에서 가장 우선적인 호가를 의미합니다. 예를 들어 만약 내가 매수 포지션인 경우, 최유리지정가 매수는 주문 접수 시점에서 매도 호가 중 가장 유리한 가격(가장 낮은 가격)에, 최우선지정가 매수는 매수 호가 중에 가장 우선적인 가격(가장 높

최유리지정가 – 상대방 포지션에서 유리한 가격

최유리지정가(매수 시) = 가장 싼 매도 호가

최유리지정가(매도 시) = 가장 비싼 매수 호가

최우선지정가 – 우리 쪽 포지션에서 우선적인 가격

최우선지정가(매수 시) = 가장 비싼 매수 호가

최우선지정가(매도 시) = 가장 싼 매도 호가

주문 조건 IOC&FOK

보통가, 시장가, 최유리 주문에 IOC, FOK와 같은 주문 조건을 추가하여 주문할 수 있습니다.

IOC(Immediate or Cancel) : 즉시 체결 & 잔량 취소

"일단 있는 것만 주세요." 혹은 "살 만큼만이라도 팔게요." 주문 즉시 주문이 체결됩니다. 전량이 모두 체결될 수도 있지만, 일부 수량이 체결되지 않으면 남은 잔량은 자동 취소하는 조건입니다.

FOK(Fill or Kill) : 전량 체결 or 전량 취소

"전부 다 주세요, 전부 다 아니면 안 사요." 극단적인 주문 조건입니다. 주문 즉시 원하는 수량이 전부 체결되거나, 전부 체결될 수 없다면 아예 주문 자체를 취소하는 조건입니다.

은 가격)에 주문을 내는 것과 같습니다.

앞에서 예로 들었던 고영의 주문창을 다시 한 번 살펴볼까요? 고영 주식을 매수하기 위해 최유리지정가로 150주 매수 주문을 넣으면 82,600원에 150주 매수 주문이 접수됩니다. 따라서 132주만 체결되고 18주는 체결되지 않은 채 미체결 주문이 됩니다. 이 부분이 시장가 주문과 다릅니다. 그런데 만약 고영 주식에 최우선지정가로 150주 매수 주문을 넣으면 82,500원에 150주 매수 주문이 접수됩니다. 한편, 최우선지정가로 150주 매도 주문을 넣으면 82,600원에 매도 주문이 접수됩니다.

동시에 주문하면 어떤 주문이 먼저 체결되나요?
#주식_매매체결_원칙

주식시장에는 수많은 투자자들이 참가하고, 주식 가격은 초 단위보다 빠르게 변동합니다. 수많은 시장 참가자들이 동시에 주식을 주문하면 어떤 순서대로 체결이 될까요? 주식시장에는 공정한 거래를 위한 네 가지 매매 체결 원칙이 있습니다.

1. 가격 우선의 원칙

매수 주문의 경우 높은 가격부터, 매도 주문의 경우 낮은 가격부터 체결됩니다. 그러니까 다른 사람보다 먼저 팔고 싶으면 낮은 가격에 싸게 팔고, 빨리 사고 싶으면 비싼 가격을 주고 사면 됩니다.

2. 시간 우선의 원칙

선착순 원칙입니다. 매도 주문은 싼 것, 매수 주문은 비싼 것부터 체결되지만, 같은 가격에 여러 주문이 걸려 있다면? 이 경우 단 1초라도 먼저 들어온 주문부터 체결됩니다.

3. 수량 우선의 원칙

같은 가격, 같은 시간에 주문이 들어왔다면 수량이 많은 주문부터 체결됩니다. 많이 사거나 많이 팔려는 사람 먼저 체결이 되는 것입니다.

4. 위탁 매매 우선의 원칙

가격, 시간, 수량이 모두 같다면 고객의 위탁 주문이 증권회사의 자체 주문보다 먼저 체결됩니다.

그렇다면 최유리지정가와 최우선지정가 중에 체결 속도가 좀 더 빠른 주문은 어떤 것일까요? 최유리지정가 주문이 최우선지정가 주문보다 체결 속도가 빠른 편입니다. 최유리지정가는 상대방 입장에서 유리한 가격입니다. 바꾸어 말하면 내 입장에서 가장 유리한 가격은 아니죠. 당연히 조금이라도 비싸게 사려고 하면 더 빨리 살 수 있고, 조금이라도 싸게 팔려고 하면 더 빨리 팔 수 있겠죠?

다섯 가지 주문 유형에 두 가지 주문 조건까지 추가하면 주문 가짓수만 10개가 넘어갑니다. 주문 종류부터 너무 많아서 도저히 투자를 못 하겠다고 좌절감이 드나요? 너무 걱정하지 않으셔도 됩니다. 저는 특별한 경우를 제외하고 대개 보통가(지정가) 주문만 이용합니다. 그렇다면 왜 쓸데없이 많은 주문 유형이 존재하는 것일까요? 투자자의 다양한 니즈를 충족시키기 위해서입니다. 그러니 주식을 막 시작하려는 분들은 크게 부담감 갖지 않으셔도 됩니다.

시간외시장 가보기

우리가 배운 지정가 주문, 시장가 주문 등은 모두 정규시장(9:00~15:30)에서만 낼 수 있는 주문입니다. 시간외시장에서 사용할 수 있는 주문은 따로 있습니다. 시간외시장은 장전 시간외시장(8:00~9:00)과 장후 시간외시장(15:40~18:00)으로 나누어 살펴보겠습니다.

먼저 정규장 개시 전(8:30~8:40) 10분 동안은 장전 시간외 주문을 이용하여 전날 종가로 거래할 수 있습니다. 가격은 설정할 수 없고, 수량 주문만 낼 수 있습니다. 주문은 10분 전인 8시 20분부터 낼 수 있습

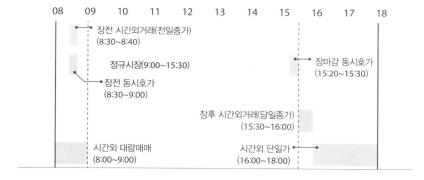

니다. 정규장 종료 후(15:30~15:40) 10분 동안은 장후 시간외 주문을 통해 당일 종가에 매매할 수 있습니다. 마찬가지로 수량만 정할 수 있습니다. 주문은 오후 3시 30분부터 가능하고 3시 40분에 체결됩니다.

마지막으로 오후 4시부터 6시까지 120분 동안은 시간외 지정가 주문을 통해 매매할 수 있습니다. 10분 단위로 체결되고, 총 12회 매매[15]가 체결됩니다. 주문은 당일 종가가 결정된 이후 상한가, 하한가 ±10% 이내의 가격에서만 가능합니다. 이때 시간외 거래는 다음 날 기준가격에 영향을 주지 않습니다.

생각보다 많이 복잡한가요? 저도 맨 처음 주식투자를 할 때에는 주문 가능한 시간, 가능한 주문 유형, 동시호가 체결 등이 너무 헷갈렸습니다. 여러 가지 도구들이 주어졌는데 어떤 상황에서 어떻게 이용하는

---

15 시간외 단일가 매매 체결 시간은 오후 4시 10분, 4시 20분, 4시 30분, 4시 40분, 4시 50분, 5시, 5시 10분, 5시 20분, 5시 30분, 5시 40분, 5시 50분, 6시에 총 12회 체결된다.

지 모르니까 그냥 불편해도 쓰던 도구만 쓰는 기분이었습니다. 하지만 맨 처음 말했던 것처럼 주식시장의 기본 룰을 명확하게 이해하면 자신의 상황에 가장 잘 맞는 효과적인 도구를 찾아 대응할 수 있습니다. 그러니 조금만 더 힘내봅시다!

시간외시장에 대해서는 꼭 알아두어야 합니다. 호재나 악재가 존재하는 경우 시간외시장에서 먼저 움직이기 때문입니다. 정규장 마감 후 시간외시장이 열려 있는 저녁 6시 이전에 급작스러운 호재 혹은 악재 뉴스가 나오면 시간외 단일가에 매수, 매도 물량이 몰립니다. 예를 들어 모 바이오 기업의 10조짜리 기술 수출 뉴스가 발표된다면 시간외 단일가에 매수세가 몰릴 수 있겠죠? 반대로 모 자동차 기업에서 급발진이나 새로운 제조 결함 문제가 발견된다면 시간외 단일가에 매도세가 몰릴 수도 있습니다. 물론 모든 이슈에 항상 주가가 반응하는 것은 아니지만, 다음 날 정규장보다 좀 더 빠르게 반응하는 것이 장후 혹은 장전 시간외시장입니다. 한편, 투자 위험 종목으로 지정된 이후 매매 정지가 되었다가 다시 재개되는 날이나 기업 분할 이후 첫 거래일에는 장전 시간외 주문을 넣을 수 없습니다.

호가창만 잘 읽어도

"요즘 시세는 어떻게 돼요?"라는 말을 들어보셨나요? 시세(時勢, Market Price)는 어떤 물건의 (시장)가격입니다. 그런데 "요즘 라면 시세가 어때요?"라는 말은 어색합니다. 시세는 특히 가격이 특정 기간 동안 일정하지 않고 수요와 공급에 따라 그때그때 변할 때 사용하니다. 그래서 주식의 가격을 시세라고 합니다.

주식시장의 시세는 매수(수요)하려는 세력과 매도(공급)하려는 세력의 경합으로 결정됩니다. 매수세가 매도세보다 더 강하면 주가가 상승하고, 반대로 매도세가 매수세보다 강하면 주가는 하락합니다. 더 쉽게 말하면 인기 있는 주식은 사려는 사람이 많으니 웃돈을 얹어서라도 먼저 사려는 사람이 생겨 시세가 상승합니다. 반대로 주식을 팔려는 사람이 많으면 조금 손해를 보고도 먼저 팔려는 사람이 생기기 때문에 시세는 하락합니다.

이렇게 주식을 사거나 팔 때 부르는 값을 호가(Asking Price)라고 합니다. 주식 시세는 초마다 빠르게 변하는데 호가창은 현재 시점에 거래되는 주식의 시세를 보여줍니다. 따라서 호가창을 통해 실시간 매수호가와 매도호가를 확인할 수 있습니다.

호가창에는 주식 시세와 관련된 용어들이 등장하는데 처음에 보면 많이 낯설 수 있습니다. 저도 주식투자를 시작한 지 얼마 되지 않았을 때 용어들이 낯설어 고생했던 기억이 납니다. 특히 뉴스에서 '시가 대비 2% 하락', '기준가 대비 2.5% 상승' 등의 내용을 접했을 때 바로 이해되지 않았습니다. 하지만 한번 정리해두니 전혀 어려운 내용이 아니었습니다. 시세와 관련된 용어는 특히 호가창을 이해하기 위해 꼭 알아야 하니 저와 함께 정리하고 넘어가세요.

시가(시초가) : 정규장이 시작할 때(9:00) 처음 거래된 가격
현재가 : 현재 시점 시장에서 거래되는 가격

코스피, 코스닥시장과 가격대별 최소 호가 단위

주식시장에서는 표준화된 원활한 매매를 위해 시장에 따라, 주당 가격에 따라 최소 호가 단위가 달라지니 알아둡시다. 예를 들어 삼성전자 주식의 경우 45,000원 혹은 45,050원에 호가 주문을 낼 수 있지만 45,020원이나 45,030원에는 낼 수 없습니다. 최소 호가 단위가 50원이기 때문입니다. (삼성전자는 코스피 시장에 상장되어 있고, 주당 가격은 10,000원 이상 50,000원 미만입니다.)

코스피 호가 단위

주권 가격	호가 가격 단위
1,000원 미만	1원
1,000원 이상 5,000원 미만	5원
5,000원 이상 10,000원 미만	10원
10,000원 이상 50,000원 미만	50원
50,000원 이상	100원

코스닥 호가 단위

구분	내용	
	단위	최소 스프레드 비율
1,000원 미만	1원	0.1% 이상
1,000원 이상 5,000원 미만	5원	0.1~0.5%
5,000원 이상 10,000원 미만	10원	0.2~0.1%
10,000원 이상 50,000원 미만	50원	0.5~0.1%
50,000원 이상 100,000원 미만	100원	0.2~0.1%
100,000원 이상 500,000원 미만	500원	0.5~0.1%
500,000원 이상	1,000원	0.2% 이하

* ETF 및 ELW는 가격 범위와 무관하게 단일 호가 단위 5원 적용

종가 : 정규장이 마감될 때(15:30) 최종적으로 거래된 가격

고가(최고가) : 장중(9:00~15:30)에 가장 높게 거래된 가격

저가(최저가) : 장중(9:00~15:30)에 가장 낮게 거래된 가격

기준가 : 전일 종가. (상한가와 하한가를 결정하는 기준)

상한가 : 장중 상승할 수 있는 최고 가격(기준가 대비 +30%)

하한가 : 장중 하락할 수 있는 최저 가격(기준가 대비 –30%)

전일비 : 전일 종가(기준가) 대비 변동된 가격

등락률 : 전일 종가(기준가) 대비 가격 변동 비율

호가창에서 허수 골라내기

올림픽이 열리면 경기 전에 연습 때부터 선수들끼리 미묘한 기 싸움이 있다는 이야기를 들어보셨나요? 올림픽 경기 이전부터 보이지 않는 경기가 시작되는 것이죠. 주식도 비슷합니다. 정규장이 시작되기 이전 시간외시장부터 이미 경기는 시작됩니다. 전일 시간외 단일가 매매는 당일 장전 시간외 매매에 영향을 줄 수 있고, 당일 장전 시간외 매매는 당일 정규장 시초가 결정에 영향을 줍니다. 전일 시간외 단일가 거래에서 상승폭이 높은 종목일수록 장전 시간외에서 매수세가 강한 경우가 많고, 장전 시간외 매수세가 강하여 미체결 잔량이 많다면 시초가가 갭상승[16] 으로 출발합니다.

　정규장이 시작되기 전부터 치열한 매매 기싸움이 펼쳐집니다. 하

16　갭상승 : 당일 시초가가 전일 종가보다 많이 높은 경우.

주식 호가창 아래쪽을 클릭하여 시외 매수 및 매도 잔량을 확인할 수 있다. (삼성증권 MTS > 호가창)

지만 장전 호가창에서 예상 체결 정보를 확인할 때 가짜 주문에 현혹되지 않게 조심해야 합니다. 장전 8시 40분부터 우리는 얼마에, 얼마나 많은 물량의 매수, 매도 주문이 있는지 호가창에서 확인할 수 있습니다. 그런데 이때 시외매수 잔량이 적거나 없는데 호가창의 동시호가 예상 체결 가격이 너무 높게 형성되어 있다면 거짓 주문인 경우가 많습니다. 가짜 정보로 다른 투자자를 현혹하여 꾀어내기 위한 것입니다. 이런 가짜 주문들은 9시 장이 시작되기 직전에 빠르게 취소됩니다.

동시호가제도에 대해 잘 모르는 초보 투자자들은 이런 허주문에 속아 큰 손해를 보는 경우가 종종 있습니다. 주식에 전혀 문외한이지만 주변의 소문이나 '카더라' 정보를 듣고 투자를 하는 초보 투자자 A가 있다고 가정해볼게요. A는 9시에 주식시장이 시작하기 전에 호가창을 보고 기다리다가, 호가창의 가짜 주문 가격에 매수 주문을 넣습니다.

그런데 갑자기 9시 직전 가짜 주문들이 빠르게 취소됩니다. 초보 투자자 A도 매수 주문을 취소하고 싶었지만 MTS 혹은 HTS 조작에 서툴러 취소하지 못하고 9시에 매수 주문이 체결됩니다. 그 결과 A는 시초가보다 아주 높은 금액에 매수하여 고점에서 물리게 됩니다. 극단적인 가정이지만 이런 일이 실제로 발생합니다. 그래서 주식시장의 기본적인 룰을 반드시 명확하게 알고 있어야 합니다. 주식시장의 기본적인 매매 체결 방식에 대해서 알고, 가짜 주문을 낼 수도 있다는 것을 알았다면 이런 위험을 피해갈 수 있겠죠?

시장 참가자를 보호하기 위한 제도들

1. 하루에 급등락은 30%까지로 제한된다

주식투자에 문외한이라도 상한가, 하한가라는 말은 들어보셨을 거예요. 상한가, 하한가는 다른 말로 가격제한폭이라고도 부릅니다. 개별 종목의 주가가 하루 동안에 상승하거나 하락할 수 있는 최대 한계가 존재하는데 이를 상한가, 하한가라고 부릅니다. 현재 가격제한폭은 기준가격 대비 상하 30%입니다. 가격제한폭이 존재하는 이유는 급격한 시세변동으로부터 개인투자자를 보호하여 공정한 거래 질서를 확립하기 위해서입니다.

조금 더 구체적인 예를 들어볼까요? 바이오주같이 특정 호재나 악재에 급격하게 반응하는 변동성이 큰 주식들이 있습니다. 네이처셀이 그 예가 될 수 있겠네요. 라정찬 대표가 주가 조작 혐의로 구속된다는 기사가 나자 다음 날 주가는 하한가로 마감하였습니다. 그리고 주가는 4일 연속 하락하여 5거래일 만에 50% 이상 하락합니다. 2018년 7월 17일 종가가 15,200원이었는데 7월 23일에는 종가 6,570원까지 하락했습니다. 만약 가격제한폭이 없었다면 어떻게 됐을까요? 첫날 뉴스 발표 후에 더 크게 하락하여 시장에 패닉과 왜곡을 가져왔을 수도 있겠죠!

네이처셀 일봉차트

2018년 회사 대표가 구속된다는 기사 이후 주가는 하한가로 마감하였다. (미래에셋대우증권 MTS)

시대별 가격제한폭의 변화(한국거래소)

2015년에 가격제한폭이 15% ➡ 30%로 확대

구분	구분	가격제한폭(%)
'95.4월 이전	정액제 : 기준가격대별 17단계	평균 : 4.6%(2.2~6.7%)
'95.4.1	정률제	6%
'96.11.24		8%
'98.3.2		12%
'98.12.7		15%
'15.6.15		30%

예전 가격제한폭은 10% 이하였습니다. 그런데 시장의 유동성 확대를 위해 점차 늘어났고, 2015년 6월 15일 기존 15%에서 30%로 2배 증가하였습니다. 변동 폭이 커진 만큼 수익의 폭도 넓어졌다고 생각할 수 있겠죠? 하지만 반대로 손실의 폭도 함께 늘어났다는 것을 꼭 명심해주세요.

2. 2분 동안 이성을 잡아라

> #### 진에어, 국토부 면허유지 결정에 16% 급등
>
> 17일 오전 10시 13분 현재 코스피시장에서 진에어는 전날 대비 16.5% 오른 2만 5,300원에 거래되고 있다. 이날 3%대 강세로 개장한 진에어는 오전 10시 정부 발표 직전 13% 넘게 급등하며 2분간 단일가 매매로 전환하는 동적 변동성완화장치(VI)가 발동되기도 했다.[17]

---

17 〈진에어, 국토부 면허유지 결정에 16% 급등〉, 헤럴드경제, 2018년 8월 17일.

정적 VI와 동적 VI 발동가격

구분		동적 VI			정적 VI
		접속 매매시간 (9:00~15:20)	종가단일가 매매시간 (15:20~15:30)	시간외단일가 매매시간 (16:00~18:00)	정규시장 모든 세션
주식	코스피200 구성종목	3%	2%	3%	10%
	유가 일반종목, 코스닥 종목	6%	4%	6%	

발동가격은 참조가격 ±(참조가격×가격발동률)이다. 참조가격의 경우 동적 VI는 호가 제출 직전 체결가, 정적 VI는 당일 기준가(시가 결정 전)와 호가 제출 직전 단일가(시가 결정 후) 이다.

변동성완화장치(VI: Volatility Interruption)가 발동됐다는 기사를 접한 적이 있 나요? 변동성완화장치는 말 그대로 주식 가격이 급격하게 변할 때 이를 완화하 려는 장치입니다. 주가가 일정 수준 이상으로 급등하거나 급락하면 실시간 매매 체결이 아닌 2분간 단일가 매매로 전환되는 것이죠. 단일가 매매는 뒷부분에서 자세히 배울 예정이니 간단하게만 이야기할게요.

2분간 단일가 매매로 전환되면 2분 동안은 주문을 받기만 하고 체결되지 않는 상태가 됩니다. 이렇게 모아진 주문은 VI 발동이 풀리는 순간 일시에 체결됩니 다. 그러니까 변동성완화장치는 2분 동안 냉각 기간을 줄 테니 일단 정신줄 잡 고 다시 한 번 이성적으로 생각해보라고 기회를 주는 장치인 셈이죠. 대개 장중 매매 시간에 발동하는 것은 10% 이상 급등 혹은 급락 시 발동하는 정적 VI입니 다. 정적 VI가 발동하는 가격은 호가창에서 확인할 수 있습니다. 자세한 내용은 한국거래소 홈페이지에서 '종목별 변동성완화장치 발동 요건'을 참고해 주세요. 변동성이 큰 급등주는 하루에 두 번씩 VI가 발동하기도 합니다. 변동성이 과한 종목들은 소위 세력들에 의해 인위적으로 주가가 움직일 때가 많습니다. 이런 주식은 상승할 때도 하락할 때도 급격하게 움직이기 때문에 초보 투자자는 큰 손해를 볼 가능성이 높습니다. 그러니 초보 투자자는 과거 VI가 자주 발생했던 변동이 큰 종목에는 투자를 삼가는 편이 좋겠죠?

3. 시장의 패닉을 막는 거래중단제도

주식시장의 매매거래중단제도(Circuit Breakers)는 주식시장의 모든 매매거래를 일시적으로 중단하는 제도입니다. 시장이 큰 공포감에 휩싸일 만큼 큰 급락이 주식시장에 휘몰아쳤을 때 투자자들에게 냉정하게 판단할 수 있는 시간을 제공하기 위해 모든 거래를 중단시킬 수 있습니다. 코스피가 전일거래일 종가 대비 8%, 15%, 20% 이상 하락하는 경우 거래를 중단할 것이라고 예고할 수 있습니다. 그리고 이 상태가 1분간 지속되면 주식시장의 모든 종목 매매거래가 중단됩니다.

주식시장의 양대 큰손, 외국인과 기관

코스피 2100선 회복… 외인기관 동반매수
코스피·코스닥, 외인·기관 쌍끌이 매도에 '털썩'

위 예시는 주식 관련 시장 상황에서 자주 접하는 말들입니다. 실제로 자금이 풍부한 기관이나 외인이 주식시장의 등락을 좌지우지합니다. 그렇다면 외인은 누구이고, 기관은 누구일까요?

HTS, MTS에서 투자자별 동향을 살펴보면 투자 주체는 크게 네 가지로 구별됩니다. 개인, 외국인, 기관, 프로그램입니다. 프로그램 매매는 뒤에서 다루고 일단은 세 가지 주체만 볼게요.

먼저 개인은 개인투자자입니다. '직접 주식투자를 해볼까?' 하는 마음에 린지의 주식책을 사서 읽고, 법인이 아닌 본인 개인 명의로 주식계좌를 개설해서 주식을 매매하는 독자님이 바로 개인투자자입니다. 주식시장에서는 개인투자자를 개미라고 부릅니다. 외국인이나 기관에 비해 자금 규모가 작아 시장에 미치는 영향력이 개미만큼 작기 때문입니다. 한편, 자금력이 있거나 투자 능력이 뛰어난 개인투자자는 슈퍼개미라고 부르기도 합니다.

외인 혹은 외국인은 쉽게 말해 외국계 증권사를 말합니다. 모간스탠리, 모간서울, JP모간, 골드만삭스, 메릴린치, 씨티그룹 등이 대표적인 미국계 증권사이고 UBS, CS증권, CLSA, 에스지증권, BNP파리바, 도이체방크 등은 유럽계 증권사입니다. 마지막으로 맥쿼리는 호주, 노무라, 다이와증권은 일본계, HSBC는 홍콩계 증권사입니다. 과거에는 국내 증시에서 외국인 비중이 크지 않았습니다. 그런데 1997년 외환

검은 머리 외국인의 주식거래는 불법

검은 머리 외국인이란 외국인 계좌를 이용하여 투자하는 한국계 자금을 의미합니다. 사실 한국인 투자자이지만 외국인처럼 보이는 거죠. 거래소에서는 계좌의 실소유주에 따라 투자 주체를 나누고 있기 때문에 자금의 출처까지 확인하기는 어렵습니다. 가령 한국인 A씨가 외국에서 법인을 설립하면 자본시장법상 '외국인'으로 분류됩니다. A씨가 설립한 법인으로 외국인 투자 등록을 하면 검은 머리 외국인이 되어 국내 주식거래를 할 수 있게 됩니다. 하지만 검은 머리 외국인 거래는 불법입니다. 한국인 투자자이면서 대개 불공정거래나 탈세, 비자금 조성 등의 목적을 갖고 외국인 투자자로 위장하기 때문입니다.

위기 직후 1998년에 제정된 외국인투자촉진법으로 인해 외국인의 주식 직접투자가 촉진되었고, 그 이후로 국내 증시에 대한 외국인의 영향력 또한 커졌습니다. 마지막으로 개인과 외국인을 제외한 국내 증권사, 연기금, 은행 등 기관을 통틀어 기관투자자라고 합니다. 외인과 기관은 개인투자자와는 비할 수 없을 만큼 운용자금의 규모가 크기 때문에 결국 증시를 좌지우지합니다. 따라서 성공적인 주식투자를 위해서는 외인과 기관의 투자 동향을 반드시 살펴볼 필요가 있습니다.

기관투자자 나누어 살펴보기

개인과 외인을 뺀 나머지 기관투자자를 기관이라고 통칭합니다. 기관의 매매 동향은 또다시 9개로 나누어 세부적으로 살펴볼 수 있습니다. 기관투자자를 다시 주체별로 세분화해서 살펴보면 투자하는 데 도움이 됩니다. 가령 연기금의 경우 국민의 연금 기금으로 운용하기 때문에 안정적인 투자처를 찾아 꾸준히 투자한다는 이미지가 있습니다. 그래서 장기투자자의 입장에서 연기금의 자금이 지속적으로 유입된다는 것은 긍정적으로 해석될 수 있습니다. 마찬가지로 펀드 자금의 유입이 추측된다면 중장기적으로 수급 측면에서 긍정적인 해석을 할 수 있습니다. 펀드 자금이 유입되면 어떤 주체로 분류될까요? 저와 함께 9개의 세부 기관투자 주체에 대해서 정리하면서 살펴볼게요.

휠라코리아 투자자별 수급 상황

투신	금융투자	보험	은행	기타금융	연기금 등	사모펀드	기타법인	기타외국인
2,408	2,529	9,726	1,551		7,025	23,434	1,710	163
-4,634	11,303	-12,743	1,297		16,065	12,372	-3,276	370
-8,926	-7,943	-3,339	1		-10,695	-1,789	405	-281
90	-1,929	-3,146	-3,682	50	2,409	4,727		153
-13,044	5,276	-5,498		-306	-7,468	636	-1,027	220
-5,409	-16,021	366		36	-7,318	-2,583	2	30
413	2,161	4,232	123		-24,274	3,463	2	-55
1,967,742	-637,995	-281,356	-25,229	-18,543	1,367,278	-1,535,562	-44,234	-3,067

기관계 투자자의 수급을 또다시 9개의 주체로 나누어 살펴볼 수 있다. (NH투자증권 HTS)

1. **금융투자(금투)** : NH투자증권, 키움증권 등 국내 증권사 즉 금융투자업자로 등록된 회사가 '고유 자산'을 이용하여 투자하는 경우 금투로 분류됩니다.

2. **투자신탁(투신)** : 투신은 '고객의 투자금'을 이용한다는 점에서

메릴린치와 CS증권은 단타 마니아

전업 투자를 하면서 새롭게 알게 된 사실은 각 증권사마다 특징이 있다는 점입니다. 예를 들어 메릴린치와 CS증권은 개인투자자들 사이에서 소위 단타꾼으로 불립니다. 메릴린치는 다른 말로 '멜치', '메르치'라고도 불리는데 가령 오전에 꾸준히 매수해서 주가를 올리고, 오후에 매도하여 주가를 뺍니다. 혹은 하루 이틀 매수하여 주가를 올려놓고, 개인의 매수세가 들어오면 매도하여 떠나는 경우도 자주 있습니다.

예전부터 개인투자자들 사이에서 공공연하게 구설수에 올랐던 메릴린치는 2019년 7월 공식적인 제재를 받았습니다. 거래소의 시장감시위원회가 시세를 조종하여 시장을 교란했다는 혐의로 메릴린치에게 1억 7500만 원의 제재금을 부과했습니다. 이로써 메릴린치는 국내에서 초단타 매매로 제재를 받은 첫 대형 금융기관이 되었습니다.[18]

메릴린치와 모간서울의
도이치모터스 수급 비교.
(삼성증권 mPOP)

---

18 〈거래소, '초단타 매매' 메릴린치誇에 벌금 1억 7500만 원 부과〉, 디지털타임스, 2019년 7월 16일.

반대로 모간서울, 모간스탠리는 한번 강한 매수세가 들어오면 열흘이나 한 달 넘게 꾸준히 순매수하는 경향이 있고, 매도 시에도 5일 이상 꾸준히 하는 경우가 많은 편입니다. 증권사에 대한 평가는 제 경험에 의한 지극히 주관적인 생각입니다. 게다가 종목에 따라, 시장 상황에 따라 외인과 기관의 투자 전략은 얼마든지 바뀔 수 있습니다. 그럼에도 각 증권사별 보이는 특징이나 자주 보이는 매매 패턴을 정리해두면 특히 트레이딩 관점에서 주식매매를 할 때 유용하게 이용할 수 있습니다.

금투와 다릅니다. 대개 펀드 자금으로 우리가 펀드 상품에 가입하고, 증권사가 그 자금을 가지고 투자하면 투신으로 집계되는 거지요. 예를 들어 A증권사가 회사 자산으로 투자를 하면 금투, 고객이 가입한 펀드 예치금으로 투자를 하면 투신으로 집계됩니다.

　3. **사모(私募)펀드** : 투신과 마찬가지로 고객의 자산으로 투자하는 경우입니다. 다만 투자신탁에 비해 소수의 투자자에게 사적으로 자금을 모집하는 비공개 펀드라는 점에서 투신과 다릅니다.

　4. **은행** : 우리은행, 국민은행 등 상업은행이 고객의 예치금을 운용하여 투자하는 경우입니다.

　5. **보험** : 한화생명, 삼성생명 등 보험회사가 고객의 보험금을 운용하여 투자하는 경우입니다.

　6. **기타 금융** : 새마을금고, 종합금융회사(종금), 저축은행 등 금투, 은행, 보험을 제외한 투자기관으로서 법적으로 전문투자자에 해당되

는 기관은 기타 금융으로 분류됩니다.

7. 연기금(+국가지자체) : 과거에는 연기금과 국가지자체의 매매 동향을 분류하여 정보를 제공하였습니다. 그런데 2018년 12월 10일부터 연기금과 국가지자체가 거래대금 동향에서 연기금으로 통합되었습니다. 기존 연기금은 국민연금, 공무원연금, 군인연금, 각종 공제회 기금 등이 직접 운용되면 연기금으로 집계되었습니다. 그리고 100조 원 이상의 자금을 운용하는 우정사업본부(우체국)와 이외에도 예금보험공사, 주택금융공사 등 공공기관의 투자는 국가지자체로 집계되었습니다. 그런데 국민의 노후를 책임지는 국민연금의 거래 동향이 직접적으로 노출되면 투자 전략적으로 좋지 않다는 연유로 통합되었습니다. 참고로 국민연금 기금운용본부 홈페이지에 들어가면 2개월 전의 국내 주식투자 비중을 확인할 수 있습니다.

8. 기타 법인 : 금융기관과 공공기관을 제외한 나머지 기관(법인)이 투자하는 경우에 기타 법인으로 집계됩니다. 예를 들어 삼성전자가 회사 자산을 운용하여 주식에 투자하는 경우 기타 법인으로 집계됩니다. 대표적으로 중소기업창업투자회사, 대부업법인, 지역단위 농협·수협·축협 등이 있습니다.

9. 기타 외국인/내외국인 : 국내에 6개월 이상 거주하고 있는 외국인이 투자하는 경우로 대개 개인투자자입니다.

기관투자자들의 책임감을 촉구하는
스튜어드십 코드(Stewardship Code)

스튜어드십 코드는 '기관투자자의 수탁자 책임에 관한 원칙'입니다. 연기금, 자산운용사 등 주요 기관투자자들이 고객의 돈을 자기 돈처럼 소중히 생각해서 운용해야 한다는 지침이죠. 스튜어드십 코드가 최초로 도입된 나라는 영국으로, 타인의 자산을 대신 운용하는 기관투자자를 주인의 돈을 대신 관리하는 집사(Steward)에 비유해 정의했습니다. 국내에는 2015년 국민연금이 공익에 반하는 결정을 하여 약 3,000억 원의 손실을 낸 사건을 배경으로 2018년 7월 도입되었습니다. 한국의 스튜어드십 코드는 7가지[19] 원칙으로 구성되어 있습니다. 앞으로 우리나라에서도 주주가치를 우선시하는 기업들이 증가하여 금융 선진국이 되길 바랍니다.

사람보다 무서운 수급킹 프로그램 매매

코스피, 외국인·프로그램 매물폭탄에 '2000선 붕괴'[20]

프로그램 매도가 주가 하락을 부채질했다는 기사를 보신 적이 있나요? 주식 시황 뉴스에 자주 등장하는 '프로그램'은 무엇일까요? 프로그램 매매는 말 그대로 사람이 손으로 직접 주문을 내는 것이 아니라

---

19 KSC(한국 스튜어드십 코드), http://sc.cgs.or.kr
20 〈코스피, 외국인·프로그램 매물폭탄에 '2000선 붕괴'〉, 연합뉴스, 2015년 11월 30일.

프로그램으로 매매하는 것을 말합니다. 주로 운용하는 자금의 규모가 큰 외국인이나 기관투자자들이 프로그램 매매를 사용합니다. 우리처럼 100만 원이 아니라 1조 원이 넘는 금액을 운용한다면 매번 여러 종목을 일일이 선택하여 마우스로 클릭하는 것은 비효율적이고 대응이 늦어질 위험이 있습니다. 그러니 미리 여러 종목을 묶어서 한꺼번에 매매하는 것이 편하겠죠.

프로그램 매매는 크게 비차익거래와 차익거래 두 가지로 나뉩니다. 비차익거래는 현물시장에서 15종목 이상을 한꺼번에 하는 대량매매를 말합니다. 여기서 주식 묶음은 바스켓(Basket)이라고 부릅니다. 바구니에 달걀 대신 주식이 담겨 있는 모습이 그려지나요? 이렇게 여러 종목을 묶어 일시에 매수하거나 매도 주문하는 것을 비차익거래 혹은 바스켓거래라고 부릅니다. ETF 등 패시브펀드(인덱스펀드)에 의한 거래가 대표적인 비차익거래입니다.

차익거래는 코스피200지수 구성종목으로 구성된 바스켓과 코스피200 선물의 가격 차이를 이용한 거래입니다. 벌써부터 어렵나요? 쉽게 말해서 현물과 선물 중 싼 것은 사고 비싼 것은 팔아서 차익을 내는 것입니다. 차익거래에는 매수차익거래와 매도차익거래가 있습니다. 이름에서 직관적으로 알 수 있는 것처럼 매수해서 차익을 내는지, 매도해서 차익을 내는지에 따라 나눕니다. 현물을 기준으로 생각하면 쉽습니다. 매수차익거래는 저평가된 현물을 매수하고, 고평가된 선물을 매도합니다. 반대로 매도차익거래는 고평가된 현물을 매도하고 저평가된 선물을 매수합니다. 차익거래는 기업의 가치와 관계없이 단순

코스피와 코스닥 프로그램 매매 동향

일자	차익	비차익	전체
19/05/07	1,322	122,118	123,440
19/05/03	-18,539	68,012	49,473
19/05/02	-26,140	135,459	109,319
19/04/30	-28,511	25,328	-3,183
19/04/29	21,692	118,708	140,400

일자	차익	비차익	전체
19/05/07	-7,504	26,903	19,399
19/05/03	-7,210	10,279	3,069
19/05/02	-2,012	67,978	65,965
19/04/30	-5,024	-2,751	-7,775
19/04/29	10,880	57,049	67,930

차익거래와 비차익거래로 나뉜 세부적인 프로그램 매매 동향을 차트와 테이블 수치로 확인할 수 있다. 프로그램 매매에서 상대적으로 비차익거래의 비중이 높은 것을 확인할 수 있다. (모바일증권나무 > 매매동향 > 프로그램매매)

히 현물과 선물 간의 가격 차이로만 매매가 체결됩니다. 차익거래나 선물이 이해가 안 된다면 일단 넘어가도 좋습니다. 선물의 개념에 대해서는 마지막 장에서 간단하게 다루기 때문입니다. 게다가 국내 시장의 프로그램 매매에서는 차액거래보다 비차익거래의 비중이 더 높습니다.

세계적 논란거리, 알고리즘 매매(Algorithmic Trading)

美 증시 80%는 알고리즘이 좌우…"기계가 투매 유발"[21]

알고리즘 매매는 매매 조건(algorithm)을 미리 설정해두면 전산 시스템에 의해 자동적으로 매매가 되는 거래를 말합니다. 알고리즘 매매는 대규모 주문을 분할로 처리할 수 있고, 인력 비용을 줄일 수 있다는 장점이 있습니다. 게다가 전산에 의해 자동 매매되기 때문에 시장 변화에 대해 감정을 배제하고 원칙적인 대응을 할 수 있어 국내외 투자기관에서 많이 사용 중입니다. 하지만 여러 개의 자동 주문이 한쪽으로 몰릴 경우 시장이 급격하게 붕괴될 수 있다는 치명적인 위험이 있습니다. 따라서 알고리즘 매매가 투매[22]를 유발한다거나 세계 주식시장의 급격한 하락을 부추겼다는 주장이 꾸준히 제기되고 있습니다.

사이드카 제도(Sidecar: 프로그램 매매 호가 효력 일시정지제도)

프로그램 매매로 시장이 큰 혼란에 빠질까 걱정되나요? 시장에는 프로그램 매매를 규제하기 위해 '사이드카'라는 제도가 존재합니다. 사이드카 제도는 시장 상황이 급격하게 변할 때 프로그램 매매의 호가 효력을 일시적으로 제한하는 제도입니다. 잠시 숨을 고를 시간을 주어 프로그램 매매가 주식시장에 미치는 충격을 완화하고자 생긴 제도이지요. 파생상품시장에서 기준 종목의 가격이 기준가 대비 5% 이상 상승 또는 하락하여 1분간 지속되는 경우 호가 효력을 5분 동안 정지합니다. 상승의 경우에는 프로그램 매수의 호가 효력을, 하락의 경우에는 프로그램 매도의 호가 효력을 5분 동안 정지합니다. 그리고 이후에는 접수 순서에 따라 매매를 체결시킵니다. 실제로 2019년 8월 5일 코스닥 지수가 장중 6%까지 급락하여 사이드카가 발동되었습니다.

---

21 〈美 증시 80%는 알고리즘이 좌우…"기계가 투매 유발"〉, 연합인포맥스, 2018년 12월 6일.

22 투매 : 손해를 무릅쓰고 주식이나 채권을 싼값에 팔아버리는 일.

빨간색 캔들이 양봉, 파란색 캔들이 음봉

'주식' 하면 어떤 이미지가 가장 먼저 떠오르나요? 빨간색과 파란색의 바가 늘어져 있는 주식 차트가 떠오를까요? 유가증권인 주식의 실제 생김새는 전혀 다르지만 말입니다. 주식을 시작하면 가장 처음 그리고 아마 가장 자주 마주치게 되는 것이 주식 차트입니다. 우리가 앞으로 계속 보게 될 캔들차트에 대해 이야기해 보겠습니다.

캔들차트는 양초(Candle)와 비슷하게 생겼다고 하여 붙여진 이름입니다. 봉(棒, 막대 봉)과도 비슷하다 하여 봉차트라고도 부릅니다. 캔들차트는 시간에 따른 주식 가격의 변화를 가장 직관적으로 보여주는

휠라코리아 5분봉차트와 일봉차트

분봉, 일봉, 월봉 등 하나의 캔들이 나타내는 시간의 단위를 바꾸어 차트를 볼 수 있다. (미래에셋대우증권 MTS)

지표입니다.

주식 차트는 시간에 따라 캔들이 나열되며 만들어집니다. 이때 하나의 캔들이 나타내는 시간은 1분, 5분, 1일, 1개월, 1년 등으로 다양한데, 기준이 되는 단위는 투자자의 편의에 따라 설정할 수 있습니다. 한 개의 캔들이 1분, 3분, 5분 등 분(分)을 나타내면 분봉, 하루를 나타내면 일봉, 1주는 주봉, 1개월은 월봉이라고 부릅니다. 증권사 HTS, MTS의 기본 차트 화면은 일봉으로 설정되어 있습니다. 어렵지 않지요? 그러면 이제 본격적으로 차트에 대해 알아보겠습니다.

하나의 캔들은 몸통과 꼬리로 구성되어 있습니다. 그리고 고가와 저가, 시초가와 종가까지 총 네 가지 가격 정보를 담고 있습니다. 캔들의 형태나 색깔에 관계없이 맨 윗부분이 고가, 맨 아랫부분이 저가입니다. 그리고 몸통으로 시가와 종가를 표시하는데 당일 시가와 당일 종가에 따라 캔들의 색깔이 결정됩니다. 당일 종가가 시가보다 높으면 빨간색 봉으로 표시되고 양봉이라 부릅니다. 반대로 당일 종가가 시가

틱차트가 뭐예요?

한 개의 거래를 한 개의 점으로 표현한 것이 틱차트입니다. 시간 개념이 배제되고 거래 개념이 적용된 차트이죠. 1틱차트는 선으로 표시하고 그 이상인 3틱, 5틱, 10틱 등은 캔들로 표시합니다.

캔들의 구성

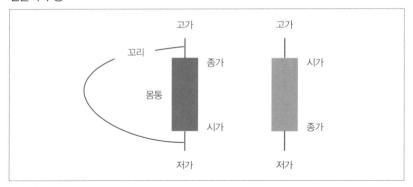

보다 낮으면 파란색으로 표시되고 음봉이라 부릅니다. 한편 당일 종가가 시가와 같거나 비슷할 때에는 십자가 형태로 표시되고 십자형 캔들 혹은 도지 캔들이라고 부릅니다.

어렵지 않지요? 차트의 기본은 쉽게 이해할 수 있는 내용입니다. 하

어제보다 주가가 올랐는데 왜 음봉으로 나올까요?

캔들의 색깔은 '당일' 시가와 종가가 결정합니다. 예를 들어 A기업의 전일 종가가 10,000원인데 당일 시초가가 12,000원에서 형성되어 종가 11,000원으로 마감했다면 전일 종가에 비해 당일 종가가 1,000원 올랐죠? 하지만 당일 종가가 시가보다 낮기 때문에 일봉은 파란색 음봉이 됩니다.

지만 차트는 이해만으로 끝나면 안 됩니다. 일봉의 형태만 보고도 당일 스토리가 예상될 수 있을 때까지 익숙해지는 것이 중요합니다. 무슨 뜻일까요? 다음 장에서 더 이야기해 보겠습니다.

차트를 읽으려면 지지와 저항을 알아야 한다

일직선으로 상승하거나 하락하는 차트는 없습니다. 모든 차트는 상승과 하락을 반복하며 출렁이는 물결 모양으로 움직입니다. 이런 물결의 저점들을 잇고, 고점들을 이어 추세선을 그려서 저항선과 지지선을 확인할 수 있습니다. 저는 단순히 저항선과 지지선을 그리는 것보다 '지지'와 '저항'의 의미를 온전히 이해하는 편이 훨씬 더 중요하다고 생각합니다. 저항과 지지는 다양한 곳에서 등장하기 때문입니다.

일단 두 단어의 의미를 먼저 알아봅시다. '지지'는 가격이 일정 수준으로 하락하면 매수세가 붙어 더 이상 하락하지 않고 저지되는 가격대를 의미합니다. 반면에 '저항'은 주가가 일정 가격 이상으로 상승했을 때 매도 물량이 출회[23]하여 더 이상 주가가 상승하지 못하는 구간을 말합니다.

저항과 지지는 여러 곳에서 등장합니다. 먼저 갭(gap)이 존재하는 가격대에 지지와 저항이 있습니다. 주가가 급등하거나 급락하여 전일 종가와 당일 시초가 사이에 공간이 생기는 것을 갭이라고 합니다. 갭이 생긴 빈 공간은 바꿔 생각하면 해당 가격대에서는 매매가 없었다

---

23 출회(出廻) : 시장에 나와서 돌다.

갭상승? 갭하락?

갭(gap)은 연속적인 차트 사이의 빈 공간을 의미합니다. 갭상승은 당일 시초가가 전일 종가보다 많이 높은 경우, 갭하락은 당일 시초가가 전일 종가보다 많이 낮은 경우에 발생합니다. 갭상승, 갭하락과 관련된 용어로는 쩜상과 쩜하가 있습니다. 장이 상한가로 시작하는 경우 쩜상, 반대의 경우 쩜하라고 부릅니다.

특히 미국 금리인상, 미중 무역전쟁 등 리스크가 시장 전체에 영향을 미칠 때 코스피, 코스닥에서 갭하락이 등장합니다. 혹은 기업 대표의 구속, 분식회계 이슈 등 주가에 큰 타격을 줄 만한 악재가 발생했을 때 갭하락이 등장합니다.

는 의미가 됩니다. 그러니까 상승갭 부근에서는 지지가, 하락갭 부근에서는 저항이 등장합니다.

라운드피겨(Round Figure)[24]에서도 지지와 저항이 나타납니다. 우리는 11,250원보다는 11,500원에, 11,500원보다는 12,000원에 편안함을 느낍니다. 0이 많아질수록 심리적인 안정감을 느끼는 것이죠. 그래서 다른 호가보다 0이 많은 가격대에 매수세 혹은 매도세가 붙는 경향이 있습니다. 그러니 자연스럽게 라운드피겨가 지지 혹은 저항의 역할을 하는 경우가 많습니다.

다음은 차트에 추세선을 그려 지지와 저항을 확인해볼까요? 상승하

---

24 라운드피겨(round figure) : 00 혹은 000으로 딱 떨어지는 가격대를 말한다.

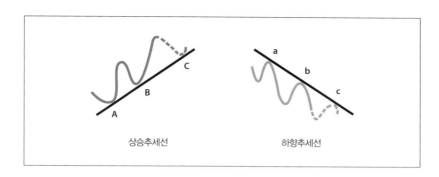

상승추세선   하향추세선

는 주가의 저점을 이어 상승추세선, 하락하는 주가의 고점을 이어 하향추세선을 그릴 수 있습니다. 그렇게 그려낸 지지선과 저항선을 활용하여 기술적인 매매에 활용할 수도 있습니다.

예를 들어 단기투자자들은 주가가 저항선을 뚫고 상승했을 때를 매수 시점으로 보거나, 지지선을 뚫고 하락했을 때를 매도 혹은 손절매 시점으로 보아 매매에 활용하기도 합니다. 하지만 모든 차트에서 앞의 그림처럼 예쁘게 지지선과 저항선이 그려지지는 않습니다. 게다가 차트는 후행지표이지 선행지표가 아닙니다. 그러니 절대 차트가 100%라 믿고 투자하지 말고, 보조지표처럼 참고하는 용도로 사용해야 합니다.

사업보고서 읽기는 기본이자 필수

당장 가방 하나를 산다고 생각해볼까요? 원하는 스타일을 고르고 브랜드별로 품질을 비교합니다. 무엇을 살지 정한 다음에는 매장별로 혹은 사이트별로 가격을 비교하겠죠. 부동산 투자를 한다면 어떨까요?

남의 말만 듣고 혹은 단순히 건물의 외관이 좋아 보인다고 당장 매매 계약서를 작성하나요? 그런 분들은 절대 없을 것입니다. 부동산 시장에 대해 잘 모른다면 관련 책을 서점에서 찾아보거나, 유튜브에서 강의를 들으며 정보를 수집합니다. 관심 있는 건물에 직접 방문하여 집의 상태나 주변 상권도 꼼꼼히 살펴보지 않을까요? 만약 집을 팔게 된다면 하루 이틀 뒤에 파는 것이 아니라 원하는 만큼 시세가 오를 때까지 인내하고 기다리겠죠.

그런데 정작 원금 손실 가능성이 있는 주식투자를 할 때 마트에서 사과를 살 때보다 고민을 적게 하지는 않나요? 주식투자와 부동산 투자는 다르다고 생각할 수도 있습니다. 주식은 부동산보다 훨씬 적은 돈으로, 훨씬 손쉽게 살 수 있기 때문입니다. 하지만 부동산을 매매할 때처럼 주식을 사기 위해서 수많은 서류들을 매번 꼼꼼히 확인한다면 주식투자로 손실을 보는 사람이 훨씬 더 줄어들지 않을까요?

관심 있는 기업이 생겼다고 해서 당장 주식을 매수해서는 안 됩니다. 해당 기업이 현재 시장에서 받고 있는 평가가 적절한지, 기업이 속한 업황은 어떤지, 사업 부문별 순이익 구성은 어떻게 되는지, 기업 경영진의 성향은 어떤지 등을 확인해야 합니다. 단순히 우리가 일상에서 경험하는 것과 실제 기업의 속사정은 다를 수 있습니다.

예를 들어 K-뷰티가 인기라는 이야기를 듣고 화장품 기업에 투자하고 싶은 마음이 생길 수 있습니다. 그런데 막상 사업보고서를 살펴보니 최근 매출액과 영업이익의 증가 속도가 둔화되어 주가가 하락 추세에 있는 것을 발견합니다. 그렇다면 우리는 해당 기업에 투자하고 싶은 마음이 사라질 수도 있고, 주가가 더 하락했을 때 혹은 이후에 업황이 나아졌을 때로 투자를 유보할 수도 있습니다.

또한 소비자의 입장에서 바라보는 기업과 주주의 입장에서 보는 기업에 대한 평가가 다를 수 있습니다. 우리 일상의 경험은 중간재[25]보다 소비재[26]에 치우쳐 있기 때문입니다. 예를 들어 "삼성전자의 국내 경쟁사는 누구일까요?"라고 묻는다면 많은 분들이 가장 먼저 LG전자를 떠올릴 것입니다. 반은 맞고 반은 틀린 생각입니다. (평소에 신문을 즐겨 보던 독자님들은 경쟁사로 SK하이닉스를 떠올릴 수도 있습니다.) 왜 LG전자를 삼성전자의 경쟁사라 부르기 어려울까요?

먼저 스마트폰, 가전 시장에서 두 기업의 제품이 경쟁하고 있는 것은 소비자에게 드러난 사실입니다. 하지만 사업보고서를 살펴보면 LG전자는 매출액의 50% 이상이 H&A(Home Appliance & Air Solution)와 HE(Home Entertainment) 부문에서 나옵니다. 반면에 삼성전자는 순매출액의 45% 이상이 반도체 사업 등을 담당하는 DS(Device Solution) 부문에서 나옵니다. 매출로 보자면 LG전자는 세탁기, 냉장고, TV 등 가전제품을 파는 기업, 삼성전자는 반도체를 파는 기업인 것이죠. 게다가 삼성전자의 시가총액은 약 230조 원, LG전자는 약 11조 원입니다(2019년 7월 기준). 삼성전자에 투자를 고려 중인 투자자라면 시가총

---

25 중간재(Intermediate Goods) : 다른 재화를 생산하는 중간 과정에 쓰이는 재화를 말한다. 예를 들어 스마트폰을 만드는 데 사용되는 반도체는 중간재이다.

26 소비재(Consumption Goods) : 소비자가 일상에서 직접적으로 사용하는 재화를 말한다. 예를 들어 스마트폰은 소비재다.

액 규모가 20배 이상 차이가 나고, 주 매출처가 다른 LG전자를 1순위 국내 경쟁기업으로 꼽진 않을 것입니다.

이제 왜 귀찮게 사업보고서를 읽어야 하는지 충분히 이해가 되셨나요? 그러면 사업보고서는 어디에서 보고, 어떤 항목들이 있는지 살펴보겠습니다.

사업보고서는 금융감독원 전자공시 시스템(DART)에서 본다

사업보고서는 기업의 민낯입니다. 기업가치와 관련된 거의 모든 정보들이 담겨 있기 때문입니다. 예를 들어 삼성전자 사장의 한 해 연봉이 얼마인지, 한 해 배당금은 얼마인지, 기업 직원들의 성비나 평균 근속

전자공시 시스템 다트(DART)의 PC 버전 첫 화면

금융감독원 전자공시 시스템(DART)은 상장법인의 공시 서류를 인터넷으로 확인할 수 있는 시스템이다. 모바일 버전도 있다. (dart.fss.or.kr)

이번 분기 실적은 언제 알 수 있나요?

기업은 법으로 정해진 기한 내에 분기별 실적을 발표해야 합니다. 매 분기 마지막 날 기준으로 45일까지 실적을 발표하고, 연간 실적의 경우 매년 마지막 날부터 90일 안에 발표해야 합니다. 예를 들어 12월 결산 법인의 경우 정기보고서의 제출 기한은 아래와 같습니다. (결산이란 손익을 확정 짓는 일입니다. 우리나라의 경우 대부분의 상장기업들은 1월 1일부터 12월 31일까지 기업의 실적을 결산하는 12월 결산 법인입니다.)

	사업 기간	실적 발표 기한
(1분기) 분기보고서	1월 1일 ~ 3월 31일	5월 15일까지
(2분기) 반기보고서	4월 1일 ~ 6월 30일	8월 14일까지
(3분기) 분기보고서	7월 1일 ~ 9월 30일	11월 14일까지
(4분기) 사업보고서	1월 1일 ~ 12월 31일	4월 1일까지

2019년 정기보고서 제출 기한

결산월	1/4분기보고서	반기보고서	3/4분기보고서	사업보고서
03월	08/14 (08/29)	11/14 (11/29)	02/14 (03/04)	07/01
06월	11/14 (11/29)	02/14 (03/04)	05/15 (05/30)	09/30
09월	02/14 (03/04)	05/15 (05/30)	08/14 (08/29)	12/30
12월	05/15 (05/30)	08/14 (08/29)	11/14 (11/29)	04/01

*반기 · 분기보고서를 연결기준으로 작성하여 제출하는 경우에는 최초 사업연도와 그다음 사업연도에 한하여 제출 기한이 15일 연장됩니다.

*K-IFRS를 적용하지 않는 법인 중 최근 사업연도 말 자산총액이 2조 원 미만인 법인은 연결재무제표 및 연결감사보고서의 제출 기한이 30일 연장됩니다.

연수는 몇 년인지, 기업 소송은 어떻게 진행 중인지, 어떤 종류의 특허를 몇 개 보유 중인지와 같은 내용을 사업보고서에서 모두 확인할 수 있습니다. 그러니 관심 있는 기업에 대한 정보가 궁금하다면 반드시 사업보고서를 읽고 투자 여부를 결정해야 합니다.

사업보고서는 어디서 볼 수 있을까요? 전자공시 시스템 다트(DART)에서 확인할 수 있습니다. 아마 주식투자를 시작한다면 나중에는 '다트'라는 말을 듣고, 다트 게임보다 전자공시 시스템을 먼저 떠올리게 될 것입니다. 그리고 사업 기간에 따라 보고서를 부르는 이름이 달라지는데 한 해 동안의 사업에 대한 보고서를 사업보고서라고 부릅니다. 사업 기간이 1분기, 3분기인 경우 분기보고서, 2분기는 반기보고서라고 부릅니다.

사업보고서는 크게 11개 항목으로 되어 있습니다. 궁금하니까 일단 스윽 한번 볼까요?

1. 회사의 개요
2. 사업의 내용
3. 재무에 관한 사항
4. 감사인의 감사 의견 등
5. 이사의 경영 진단 및 분석 의견
6. 이사회 등 회사의 기관에 관한 사항
7. 주주에 관한 사항
8. 임원 및 직원 등에 관한 사항

9. 계열회사 등에 관한 사항

10. 이해관계자와의 거래 내용

11. 그 밖에 투자자 보호를 위하여

벌써부터 너무 어려워서 도망가고 싶나요? 하지만 사업보고서를 한 번도 읽지 않은 사람은 있지만, 한 번만 읽은 사람은 없을 것입니다. 투자 판단을 내리는 데 반드시 필요한 내용들을 담고 있기 때문입니다. 그리고 너무 걱정하지 않아도 됩니다. 우리는 11개의 항목 중 절반 정도만 살펴볼 예정이기 때문입니다. 제 경우에는 관심 있는 기업이 생기면 우선적으로 1. 회사의 개요, 2. 사업의 내용과 특히 3. 재무에 관한 사항을 자세히 보고, 나머지는 대략만 살펴봅니다. 사업보고서 읽기는 다음 파트에서 자세하게 다루겠습니다.

소액으로 분산투자? 펀드로 가자

주식은 직접투자, 펀드(fund)는 간접투자 상품입니다. 펀드투자는 쉽게 말해 "(나는) 주식투자가 어려워서 잘 못하겠으니, 전문가인 네(자산운용사)가 대신해줄래? 보수는 챙겨줄게."입니다. 고객이 자산운용사에 약간의 보수를 지급하고 투자를 위임하는 것입니다. 자산운용사는 고객으로부터 운용보수와 수수료를 받고 고객을 대신해 주식, 채권 등에 투자합니다. 그리고 수익이 발생하면 그 수익금을 고객에게 전달합니다. 당장 포털사이트에서 펀드를 검색하면 주식형펀드, 인덱스펀드 등 자산운용회사들의 다양한 펀드 상품을 확인할 수 있습니다.

금융투자협회 전자공시 서비스

금융투자협회 전자공시 서비스(http://dis.kofia.or.kr)에 방문하면 자산운용사의 펀드 공시 및 운용 현황을 확인할 수 있다.

　　많은 사람들이 내가 직접 주식투자를 하는 것보다는 전문가에게 맡겨 펀드투자 하는 것이 안전하다고 생각합니다. '전문가가 투자를 하면 적어도 손해는 보지 않겠지.'라고 생각하지요. 하지만 펀드 상품도 주식투자와 마찬가지로 원금을 보장받지 못하고, 펀드 수익률이 마이너스가 되면 손실을 볼 수 있습니다. 게다가 펀드투자가 수익이 나든 손실이 나든 운용사에 보수는 지불해야 합니다.

　　금융투자협회 전자공시 서비스 홈페이지에 들어가면 시중의 펀드 내용이나 수익률을 살펴볼 수 있고, 최근 운용사의 실적까지 다 비교해볼 수 있습니다. 유명 자산운용사의 펀드 수익률이 마냥 좋은 것은 아니기 때문에 꽤 놀라실 수 있습니다.

결론은 펀드투자를 하더라도 어떤 자산운용사에서 나온, 어떤 펀드 상품이 좋을지의 판단은 본인의 몫이니 기본적인 금융상식에 대한 이해가 반드시 필요합니다. 직접 주식투자를 하지 않더라도 말이지요.

나에게 맞는 펀드 찾기

1. 패시브펀드 VS 액티브펀드

패시브펀드(Passive Fund)는 '증권시장은 장기적으로 우상향한다.'를 전제로 코스피, 코스닥 등의 특정 지수(stock price index)를 추종하도록 설계한 펀드입니다. 다른 말로 인덱스펀드(Index Fund)라고도 부릅니다. 반면 액티브펀드 (Active Fund)는 펀드매니저의 자의적인 판단으로 투자 종목을 결정하는 펀드입니다. 적극적으로 산업과 기업을 분석하여 투자할 종목을 선정하는 방식이지요. 최근 패시브펀드가 액티브펀드에 비해 안정적이고 수익성이 좋다고 평가되면서 투자 규모가 나날이 커지고 있습니다.

2. ETF(상장지수펀드)

상장지수펀드(ETF: Exchange Traded Fund)는 말 그대로 상장된 지수(인덱스) 펀드입니다. 즉 펀드를 주식처럼 거래할 수 있게 시장에 상장한 것입니다. 여러 기업에 분산투자 하고 싶은데, 투자할 종목을 선택하고 분석하는 일이 너무 어렵다면 특정 지수를 추종하는 ETF 상품에 대한 투자도 고려해볼 수 있습니다. 국내에는 다양한 ETF 상품이 존재하는데 가장 대표적으로 KODEX레버리지, KODEX인버스 등이 있습니다.

ETF는 해당 상품을 출시한 자산운용사에 따라 이름이 달라집니다. 앞서 말한 KODEX로 시작하는 ETF는 삼성자산운용에서 출시한 상품입니다. 한편 TIGER는 미래에셋자산운용, HANARO는 NH아문디자산운용, KINDEX는 한국투자신탁운용, KOSEF은 키움투자자산운용, ARIRANG은 한화자산운용, KB STAR는 KB자산운용에서 출시한 ETF입니다. ETF는 증권거래세가 면제되지만 펀드이기 때문에 운용수수료가 존재합니다. 같은 지수를 추종하는 ETF라고 해도 자산운용사에 따라 운용수수료가 다르기 때문에 매수 전에 살펴보아야 합니다.

3. 사모펀드

개인을 나타내는 뜻의 사(私)와 모은다는 뜻의 모(募)를 쓰는 사모펀드는 비공개로 투자자를 모집하여 운용하는 펀드로, 공모펀드에 비해 자산운용의 제약이 적습니다. 공모펀드는 공개적으로 모집하는 일반 펀드를 의미합니다. 사모펀드는 고수익기업투자 펀드라고도 불립니다. 국내에서는 2016년부터 사모펀드 설정액이 공모펀드를 뛰어넘으며 사모펀드 시장이 빠르게 성장하고 있습니다. 시장의 추세에 따라 2018년 당정이 합의하여 사모펀드 투자자를 49인에서 100인으로 확대하는 내용을 골자로 한 법안을 발의하였습니다.

PART 3

YOU NEED TO THINK YOURSELF WHAT IS TURE

100만 원으로
주식투자
실전 6단계

투자할 기업 찾기는 각자 우리가 있는 자리에서 시작하면 됩니다. 저 멀리 꼭꼭 숨겨진 곳이 아니라 일상 속에서도 충분히 투자하고 싶은 기업을 발견할 수 있습니다. 저는 뉴스나 책을 읽다가 관심 있는 분야를 발견하거나, 영화관에서 영화를 보다가 투자와 관련된 단서들을 발견하기도 합니다.

투기 아니라 '투자'

주식투자를 도박이나 투기처럼 생각하는 분들도 있습니다. 정말 주식투자가 도박일까요? 유명한 투자자 피터 린치는 "주식투자가 될지 도박이 될지는 사람들이 투자하는 방식에 달려 있다"고 하였습니다. 시장 자체의 위험보다 투자하는 사람이 어떤 사람인가에 따라 위험이 커진다는 말입니다. 예를 들어 단순히 최근 시장에서 인기 있다는 이유로 단기간에 이미 크게 오른 주식을 사는 것은 투기입니다. 하지만 기업의 사업과 실적에 대한 분명한 기대를 갖고, 적정 가격에 주식을 사는 것은 투자입니다. 한편 워런 버핏의 투자 스승인 벤저민 그레이엄은 투자와 투기를 다음과 같이 구별하였습니다. "투자란 철저한 분석하에서 원금의 안전과 적절한 수익을 보장하는 것이고, 이러한 조건을 충족하지 못하는 행위는 투기이다."[25]라고 말이죠. 우리가 시작하

---

25 벤저민 그레이엄 · 제이슨 츠바이크, 《벤저민 그레이엄의 현명한 투자자》, 국일증권경제연구소, 2016년.

려는 것이 투기가 아닌 투자이길 바랍니다.

흔히 주식투자를 '너무 어려워서, 매우 똑똑한 소수의 전문가만 할 수 있는 무언가'라고 치부하는 경향이 있는 듯합니다. 그래서 소수만 알고 있는 은밀한 정보라는 이야기에 가장 크게 반응하곤 하지요. 가장 신뢰하는 정보는 '카더라 통신'이고, "올해 안에 20만 원 간다더라.", "이 종목에 곧 작전 친다더라.", "내부에 호재가 있다더라." 등의 말에 혹하여 투자를 하거나, 아무리 들어도 이해가 되지 않는 기술이지만 단순히 '4차 산업혁명 시대의 혁신적인 신기술'이라는 겉치레 같은 말만 듣고 투자를 합니다. 하지만 이런 묻지마 투자는 도박이나 다름없고, 그 결과는 필패입니다. 저 역시 순간적인 유혹을 이기지 못하고 묻지마 투자를 한 적이 있는데 큰 손실을 보고 나서야 정신을 차렸습니다. 혹여나 운 좋게 수익을 내더라도 반쪽짜리 성공일 뿐입니다. 계속해서 묻지마 투자를 한다면 결국에는 손실로 귀결되기 때문입니다. 주식 투기가 될지, 주식투자가 될지는 투자자인 우리가 어떻게 하느냐에 달려 있습니다.

투자는 일상에서 시작합니다

유튜브 구독자 분들이 가장 많이 하신 질문은 "투자할 기업은 어떻게 찾나요?"입니다. 어디서 정보를 얻느냐는 것이죠. 투자할 기업을 찾는 일은 각자 우리가 있는 자리에서 시작하면 됩니다. 저 멀리 꼭꼭 숨겨진 곳이 아니라 일상 속에서도 충분히 투자하고 싶은 기업을 발견할 수 있습니다. 제 경우에는 뉴스나 책을 읽다가 관심 있는 산업분야를 발견하고, 영화관에서 영화를 보다가 투자와 관련된 단서들을 발견하기도 합니다. 회사에 몸담고 있을 때에는 관계사 혹은 고객사에 대한 관심이 실제 투자로 이어진 적도 있습니다.

혹자는 "저는 신문도 영화도 잘 안 보는데요?", "하루 종일 사무실에서만 일해서 딱히 관련된 회사들이 없어요."라고 말할 수 있습니다. 하지만 주식투자에 관심을 갖고, 주변에 관심을 갖는다면 버스정류장에서도 투자의 단서를 얼마든지 발견할 수 있습니다. 가령 길에서 마주치는 청소년 10명 중 8명이 휠라 운동화를 신고 있는 것을 보고 저는 휠라 코리아라는 기업에 대해 관심이 생겼습니다. 그리고 어느 날 가르치는 학생 10명 중 9명이 집에서 TV 대신 아프리카TV를 본다는 사실을 알고 아프리카 TV의 연 매출액이 궁금했습니다. 혹은 최근에 새로 나온 드라마가 너무너무 재미있다면 어

LG전자 월봉차트

LG전자는 2017년 약 105% 상승했으나 2018년 44% 하락했다. (모바일증권나무 MTS)

디서 만들었는지 제작사가 궁금할 것입니다. 이런 식으로 일상의 경험이 기업에 대한 관심으로 연결될 수 있습니다.

그런데 이렇게 관심 있는 기업이 생겼다고 해서 바로 핸드폰을 켜고 주식을 매수해야 한다는 말은 절대 아닙니다. 예를 들어 단순히 '가전제품은 LG전자가 최고야.'라는 생각에 LG전자의 주식을 산다면 어떻게 될까요? 2017년도에 샀다면 큰 시세차익을 얻었을지 모릅니다. 하지만 2018년도에 샀다면 큰 손실을 보았을 것입니다. 일상 속에서 투자를 시작한다는 말은 일상의 체험만을 근거로 투자를 해야 한다는 말이 결코 아닙니다. 투자를 시작하기 전에 현재 기업의 가치가 적정하게 평가되고 있는지 등에 대해 반드시 고민해야 합니다. 100만 원으로 해보는 주식투자는 관심 기업을 고르는 것에서부터 시작합니다. 그 다음에는 관심 기업에 대해 기본적 분석과 기술적 분석 측면에서 살펴봅니다. 자, 본격적으로 시작할까요?

1단계 관심 기업 고르기

본인의 관심사를 바탕으로 관심 기업을 3~5개 정합니다. 그리고 MTS의 '관심종목' 메뉴에 추가하세요. 관심종목은 자신이 잘 알고 있는 기업일수록 좋습니다. 본인이 자동차 부품 회사에 다니고 있다면 자동차 산업의 소식을 누구보다 가장 빨리 접할 수 있겠죠? 현대자동차, 현대모비스와 같은 완성차 업체나 부품 업체를 관심종목에 추가할 수 있

습니다. 본인이 주부라면 LG생활건강, 오뚜기와 같이 음식료나 생활
용품 기업에 관심을 둘 수도 있습니다. 만약 어떤 사업을 하는지 이해
하기 어려운 기업이라면 투자하지 않거나 후순위로 두는 편이 좋습
니다. 이 회사가 뭐 하는 회사인지, 비즈니스 모델(무엇으로 돈을 버
는 회사인지) 정도는 분명히 알고 난 후 투자를 고려해야 합니다. 워
런 버핏은 '잘 모르는 것에는 투자하지 않는다.'라는 유명한 말을 남겼
습니다. 사업구조든 기술이든 뭔지 잘 모르겠다고 생각되는 곳은 관심

LG생활건강의 종목 상세정보와 재무정보 요약

재무 탭 아래 '기업 정보 바로가기'를 누르면 FnGuide에서 제공하는 재무정보, 컨센서스 등 좀 더 자
세한 정보를 확인할 수 있다. (모바일증권나무 MTS)

기업에서 과감히 삭제해주세요.

2단계 관심 기업에 대해 알아보기(기본적 분석)

관심 기업을 골랐다면 이제 그 기업에 대해 알아볼 차례입니다. MTS 종목 상세 탭에서 기업의 상장일, 상장주수, 시가총액 등 기본 정보를 간단하게 볼 수는 있습니다. 하지만 그 기업의 사업 내용, 매출 비중 등에 대해 자세히 알고 싶다면 전자공시 사이트에 가서 사업보고서를 읽어야 합니다. 기업이 의무적으로 제출해야 하는 사업보고서나 공시 정보를 다트에서 확인하거나 증권사의 리포트를 확인하며 회사에 대한 표면적인 관심에서 재무 사정 등 기업에 대한 실질적인 이해로 옮겨가는 작업이 필요합니다. ('네이버 증권(금융) 〉 투자전략 〉 종목분석 리포트'에서 종목명을 검색하면 증권사의 애널리스트가 작성한 리포트를 볼 수 있습니다.)

　사업보고서를 통해 회사의 가치를 파악하는 일을 해내기 위해서는 시간이 필요합니다. 본인 스스로 가설을 세우고 이를 확인하는 과정이 수반되어야 하기 때문입니다. 게다가 재무제표를 이해하기 위해서는 회계적인 지식도 필요합니다. 하지만 본 책에서 회계적인 내용에 대해 깊이 다루지는 않을 것입니다. 주식투자 공부 자체에 흥미를 잃어버릴 수 있기 때문입니다. 예를 들어 투자자들의 바이블로 여겨지는 책《벤저민 그레이엄의 증권분석》은 600페이지가 넘는 분량으로 손익계산서, 재무제표 등을 활용하여 기업의 가치를 평가하는 내용을 담고 있습니다. 분명 훌륭한 참고서이지만 증권이나 주식이라는 단어조차 낯선 초보 투자자들에게 추천할 만한 책은 아닙니다. 어린아이에게 이유식이 필요한 것처럼 말이죠.

우리는 먼저 사업보고서에 어떤 내용이 들어 있는지 함께 확인하고, 투자에 어떤 식으로 활용할 수 있는지 이야기해 보겠습니다. 사업보고서도 척척 볼 수 있고, 이제 주식의 '주' 자 정도는 알겠다 싶으면 그다음으로 재무제표와 공시 해석에 대해 공부해볼 것을 추천합니다. 이 때 《벤저민 그레이엄의 증권분석》을 읽는다면 도움이 될 것입니다. 자, 그럼 이제 대한민국 국민이라면 남녀노소 모르는 사람이 없는, 코

삼성전자 사업보고서 검색 화면

금융감독원 전자공시 시스템 '다트'에서 삼성전자의 정기보고서를 검색했다.

스피시장에서 시총 규모 20% 이상을 차지하는 우리나라 대표기업 삼성전자의 사업보고서를 함께 살펴봅시다. 관심 있는 기업이 따로 있다면 해당 기업의 사업보고서를 펴놓고 함께 보시면 더 좋습니다.

1. 회사의 개요 : 기업 정보 5분 요약

맨 처음 등장하는 '회사의 개요'에는 기업 소개가 나와 있습니다. 기업에 대한 요약집인 셈입니다. 간략한 회사 소개와 주요 사업, 회사의 연혁, 자본금 변동 사항, 주식의 총수, 의결권 현황, 배당에 관한 사항 등이 나와 있습니다.

삼성전자의 경우 주요 사업 부문이 크게 네 가지로 나뉜 것을 확인할 수 있습니다. TV, 냉장고 등 가전의 CE(Consumer Electronics)와 휴대폰, 컴퓨터, 네트워크 시스템 등의 IM(Information technology & Mobile communications), 그리고 DRAM, NAND Flash, OLED 등이 주력 사업인 DS(Device Solutions) 부문과 마지막으로 전장부품 사업 등의 Harman 부문입니다. 사업보고서를 읽을 때는 항상 질문을 던져야 합니다. 여러 사업 부문 중 삼성전자의 캐시카우[26]는 무엇일까요? 뒷부분 '사업의 내용'과 '재무제표'에서 자세히 확인할 수 있습니다.

개요에는 계열사나 종속기업에 대한 정보도 나와 있습니다. 삼성전자는 삼성그룹 내 수십 개의 계열사 중 하나입니다. 삼성전자를 포함

---

26 캐시카우(Cash Cow) : 기업의 주된 수입 창출원. 지속적으로 현금흐름을 발생시키는 사업 부문을 말한다.

하여 삼성SDS, 삼성전기, 삼성SDI 등 삼성그룹에 속하는 계열사에 대한 정보도 개요에서 확인할 수 있습니다. 삼성그룹 내에는 16개의 국내 상장사와 46개의 국내 비상장회사가 존재합니다. 삼성그룹은 국내 62개의 계열회사를 지닌 거대한 그룹인 셈입니다.(2019년 1분기 기준)

계열사, 지배회사, 자회사는 뭐가 다른가요?

계열회사/계열사(Affiliated Company) : 2개 이상의 회사가 동일한 기업 집단에 속하면 계열회사입니다. 우리나라의 소위 재벌 그룹은 대부분 계열사로 이루어져 있습니다. 예를 들어 삼성그룹 내에는 삼성전자, 삼성물산, 삼성증권 등 삼성그룹 계열의 회사들이 있습니다. 이들은 '삼성'이라는 말을 공유하는 같은 계열사이지만 각각은 독립된 완전히 다른 회사입니다.

지주회사/모회사/지배회사(Holding Company) : 지주회사(모회사)는 종속회사(자회사)를 지배하는 회사입니다. 종속회사의 주식을 100% 보유하거나 지배할 수 있을 만큼 보유하면 지주회사가 됩니다. 모든 지주회사의 이름이 OO홀딩스는 아니지만 한국콜마홀딩스, 농심홀딩스 등 OO홀딩스라는 말이 붙은 기업은 해당 그룹사의 지주회사입니다.

종속회사/자회사(Subsidiary Company) : 종속회사(자회사)는 지주회사(모회사)의 지배를 받는 회사입니다. 지주회사와 종속회사는 법적으로 독립된 전혀 다른 회사입니다. 하지만 지주회사가 종속회사의 경영에 참여할 수 있기에 종속회사는 그 지배하에 놓이게 됩니다. 예를 들어 LG디스플레이는 LG전자의 자회사입니다.

그런데 이는 삼성그룹이라는 빙산의 일각일 뿐입니다. 62개의 기업들이 각각 소유한 자회사까지 고려한다면 그 규모는 훨씬 더 거대해집니다. 삼성전자 한 기업만 보더라도 전 세계에 252개의 자회사를 보유하고 있습니다.(2019년 1분기 기준)

기업의 종속관계를 알아두는 것은 중요합니다. 지배기업과 종속기업은 연결재무제표[27]로 이어져 있기 때문입니다. 종속기업의 재무 상태는 지배기업의 재무에 영향을 줍니다. 게다가 회사 간의 얽히고설킨 관계를 이해하는 것만으로도 투자할 때 유용하게 이용할 수 있습니다. 특히 단기매매에 활용될 수 있는데 가령 실제 해당 기업의 사업과 무관하지만 지배관계로 얽혀 특정 테마주로 분류되는 주식이 종종 있습니다. 예를 들어 디피씨는 엔터 사업과 전혀 무관하게 전자레인지용 고압변성기 등을 제조, 판매하는 기업입니다. 하지만 기업 지배구조에 의해서 방탄소년단(BTS) 테마주로 분류됩니다. 디피씨는 스틱인베스트먼트라는 회사의 지분을 50% 넘게 보유하고 있는데, 스틱인베스트먼트가 BTS의 소속사인 비상장회사 빅히트엔터테인먼트에 투자하여 3대 주주가 되었기 때문입니다.

이런 식의 테마주 투자를 권하는 것이 아닙니다. 급등주 혹은 테마주는 변동성이 크기 때문에 초보 투자자는 손실을 보기 쉽습니다. 다만 '나는 차트매매 혹은 단타매매를 할 것이니 사업보고서를 볼 필요는 없어.'라고 생각하는 분들이 계실까 걱정됩니다. '어떤 이슈에 주가

---

27 연결재무제표 : 모기업과 자회사를 하나의 기업으로 보고 작성된 재무제표.

가 움직이는지'를 알아두는 것은 트레이딩에도 도움이 되니 꼭 사업보고서를 읽는 습관을 길러야 합니다.

계속해서 살펴볼까요? '회사의 연혁'에서는 시대의 흐름에 따른 회사의 역사를 간략하게 확인할 수 있습니다. '자본금 변동 사항'에서는 자본금이 증가하거나 감소한 내용을 확인할 수 있습니다. '사업을 시작하려면 자본금이 얼마는 있어야 한다.'라는 말을 들어보셨죠? 자본금[28]이란 사업에 투자된 돈을 말합니다. 자본금은 언제 변동할까요?

디피씨 분기보고서(2019년 1분기)

아. 연결대상 종속회사 개황
1. 연결대상 종속회사 개황(연결재무제표를 작성하는 주권상장법인이 사업보고서, 분기·반기보고서를 제출하는 경우에 한함)

(단위 : 백만원)

상호	설립일	주소	주요사업	최근사업연도말 자산총액	지배관계 근거	주요종속 회사 여부
DY POWER SYSTEMS(M) SDN. BHD	1990.08	Lot 17245, 4th Mile, Jalan Genting off Jalan Kapar, Rantau Panjang, 42100 Klang, Selangor Darul Ehsan, Malaysia	산업용 고압변성기 등의 제조 및 판매	14,337	지분 50% 초과보유	O (직전연도 자산총액이 지배회사 자산총액의 10% 이상인 종속회사)
남통디피씨전자유한공사	1996.03	No.8 Binjiang Road, Huifeng Town, Qidong City, Jiangsu Province, China	산업용 고압변성기 등의 제조 및 판매	20,393	지분 50% 초과보유	O (직전연도 자산총액이 지배회사 자산총액의 10% 이상인 종속회사)
스틱인베스트먼트(주)	1999.07	서울시 강남구 테헤란로78길 12(대치동) 10층	Private Equity외	68,902	지분 50% 초과보유	O (직전연도 자산총액이 지배회사 자산총액의 10% 이상인 종속회사)
		#22 3 Road West D/C, Guanghua-Baian 층	Private Equity외		초과보유	지배회사 자산총액의 10% 이상인 종속회사)
스틱얼터너티브자산운용(주)	2018.06	서울시 영등포구 국제금융로 10, 30층	부동산 및 인프라 등에 대한 전문사모형 집합투자	2,264	지분 50% 초과보유	X (직전연도 자산총액이 지배회사 자산총액의 10% 이상인 종속회사)
스틱벤처스(주)	2018.07	서울시 강남구 테헤란로78길 12(대치동) 9층	Venture Capital외	23,781	지분 50% 초과보유	O (직전연도 자산총액이 지배회사 자산총액의 10% 이상인 종속회사)

디피씨 지분 현황. 디피씨는 스틱인베스트먼트의 지분을 50% 초과하여 보유하고 있다. 디피씨의 종속회사인 스틱인베스트먼트가 빅히트엔터테인먼트에 투자하여, 디피씨는 BTS 관련 테마주가 되었다.

---

28 자본금 : 주당 액면가 X 발행 주식 수로 계산된다. 만약 주당 액면가가 500원이고 총 100만 주를 발행했다면 자본금은 5억 원이 된다.

삼성전자 분기보고서(2019년 1분기)

(기준일 :   2019년 03월 31일)   (단위 : 주)

구 분	주식의 종류			비고
	보통주	우선주	합계	
Ⅰ. 발행할 주식의 총수	20,000,000,000	5,000,000,000	25,000,000,000	-
Ⅱ. 현재까지 발행한 주식의 총수	7,780,466,850	1,194,671,350	8,975,138,200	-
Ⅲ. 현재까지 감소한 주식의 총수	1,810,684,300	371,784,650	2,182,468,950	-
1. 감자	-	-	-	-
2. 이익소각	1,810,684,300	371,784,650	2,182,468,950	자사주소각
3. 상환주식의 상환	-	-	-	-
4. 기타	-	-	-	-
Ⅳ. 발행주식의 총수 (Ⅱ-Ⅲ)	5,969,782,550	822,886,700	6,792,669,250	-
Ⅴ. 자기주식수	-	-	-	-
Ⅵ. 유통주식수 (Ⅳ-Ⅴ)	5,969,782,550	822,886,700	6,792,669,250	-

회사의 개요에서 주식의 총수 현황 등을 확인할 수 있다.

기업이 신규 사업을 위한 자금 조달, 주주가치 제고 등을 목적으로 증자 혹은 감자를 할 때 자본금이 변합니다. 자본금이 증가하거나 감소하는 것은 주가에 긍정적인 혹은 부정적인 영향을 주기 때문에 변동한 이유와 내용을 살펴볼 필요가 있습니다.

'주식의 총수' 등에서는 기업에서 발행한 주식이 총 몇 주인지, 종류별(보통주와 우선주) 주식의 총수를 확인할 수 있습니다. 위의 삼성전자 분기보고서에서 확인할 수 있는 것처럼 기업은 이미 발행한 주식을 감자, 이익소각, 상환 등의 이유로 줄일 수 있습니다. 만약 주식의 수가 변하였다면 사업계획서의 본 챕터에서 그 이유와 유통 주식수의 변화를 함께 확인할 수 있습니다. 발행 및 유통 주식 수의 증가 혹은 감소는 주식의 가치에 변동을 야기합니다. 그 내용에 따라 호재

유증 = 유상증자 / 무증 = 무상증자

기업이 신규 사업을 위한 비용이 필요하면 어떻게 자금을 조달할까요? 기업 내에 유보금이 많다면 내부적으로 조달하면 됩니다. 하지만 기업 내부에 자금이 없다면 외부에서 자금을 조달해야 합니다. 이때 상장기업이라면 주식을 추가로 발행하여 필요한 자금을 조달할 수 있는데 이를 유상증자라고 합니다. 기업 입장에서 유상증자 방식으로 자금을 조달하는 것은 금융기관에서 돈을 빌리는 것과 다르게 원금과 이자 상환의 부담이 없다는 장점이 있습니다. 하지만 많은 경우 투자자들에게 유상증자 공시는 악재로 인식됩니다. 왜 그런지 살펴볼까요?

먼저 증자(Capital Increase)란 말 그대로 자본이 증가하는 것입니다. 증자는 유상증자와 무상증자 두 가지로 구분되는데 먼저 유상증자는 주주들에게 대가를 받고 신규 주식을 발행하여 배정하는 것입니다. 따라서 자본금이 변동하고, 늘어난 주식 수만큼 기존 주식의 가치가 떨어지기 때문에 기존 주주들에게 악재로 인식됩니다.

반대로 무상증자는 기업의 자본잉여금(유보금)으로 신규 주식을 발행해서 기존 주주에게 무상으로 배정하는 것입니다. 유상증자처럼 실제로 자본의 변동은 없지만 잉여금 계정이 자본금으로 이동하는 회계상의 변화가 생깁니다. 무상증자는 기업이 재무구조에 자신감이 있어야 할 수 있고, 기업의 이익(자본잉여금) 중 일부를 주주들에게 환원한다는 차원에서 대개 호재로 여겨집니다. 게다가 무상증자로 권리락[29]이 반영되면 주가가 싸게 보이는 착시현상까지 생깁니다. 예를 들어 케이엠더블유는 2019년 4월 23일 소유 주식 1주당 1주의 비율로 무상증자를 결정하였습니다. 발표가 난 이후 주가가 급등했고, 권리락이 풀린 다음 날 1주당 가격이 4만 원대에서 2만 원대로 떨어진 이후에도 계속 주가가 상승하였

---

29 권리락(right off) : 신주를 받을 권리가 없어지는 것.

습니다.

하지만 유상증자=악재, 무상증자=호재와 같이 단편적으로 암기해서는 곤란합니다. 유상증자가 항상 악재로 분류되는 것은 아니기 때문입니다. 만약 유상증자의 이유와 규모 등이 시장에서 합당하다고 여겨지면 호재가 될 수 있습니다. 특히 유명한 투자 기관이나 시너지가 기대되는 기업이 제3자 배정 유상증자에 참여하는 경우가 그렇습니다. 2017년 6월 텔콘(현재 텔콘RF제약)의 제3자 배정 유상증자에 엠마우스생명과학이 참여한다는 소식이 발표되자 당일 주가가 크게 상승하였고, 2018년 3월 유비케어의 제3자 배정 유상증자에 카카오의 자

케이엠더블유와 텔콘RF제약의 차트

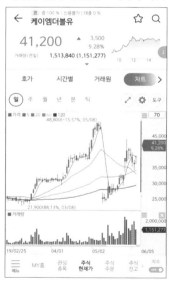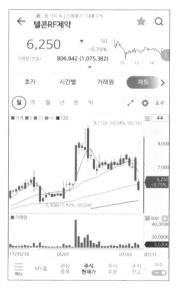

증자에 따른 주가의 추이는 시장 상황, 기업의 현재 상황 등에 따라 다르다. 공식처럼 존재하지는 않는다.

회사 카카오인베스트먼트가 참여한다는 소식이 발표되자 이후 주가가 상승하였습니다. 하지만 일시적으로 주가가 급등했기 때문에 나중에 조정을 받았습니다. 마찬가지로 무상증자가 결정되면 주식 수가 늘어나 거래량과 유동성이 확대될 수 있지만 기업의 본질적인 가치가 변하지는 않습니다. 무상증자 이후에는 결국 늘어난 주식 수만큼 주가가 조정을 받습니다. 메디포스트는 2019년 3월 15일에 1주당 1주의 비율로 무상증자를 결정하였습니다. 하지만 당시 바이오 업계나 주식시장 분위기가 전반적으로 좋지 않았고, 메디포스트의 무상증자 결정에도 주가는 큰 힘을 못 썼습니다. 그러므로 기업의 증자 결정을 판단할 때는 결정의 타당성과 기업의 재무 상황, 시장 상황 등을 종합적으로 고려하여 판단하는 훈련을 해야 합니다.

나 악재로 분류되어 주가에 영향을 줄 수 있기 때문에 대수롭지 않게 여기면 곤란합니다. 예를 들어 자사주 소각은 기존 주주들의 보유주식 가치를 증대시키기에 일반적으로 호재로 분류되는 편입니다. 위의 보고서에서 삼성전자가 보통주와 우선주 합계 2,182,468,950주를 소각하였음을 확인할 수 있습니다.

'의결권 현황'에서는 발행한 주식 중에서 의결권을 행사할 수 있는 주식 수를 확인할 수 있습니다. 보통주만 의결권을 가지고 있고, 우선주나 회사가 매입하는 자사주는 의결권이 없습니다.

'배당에 관한 사항 등'에서는 기업의 최근 3년간 배당 내역을 확인할 수 있습니다. 기업의 배당수익률과 현금배당 금액이 궁금하다면 이

보통주와 우선주

주식은 의결권이 있는 보통주와 의결권이 없는 우선주로 나뉩니다. 일반적으로 기업이 자금을 조달하려 지분을 팔 때 발행하는 것은 보통주입니다. 보통주를 소유한 주주는 의결권을 행사하여 기업 경영에 참여할 수 있습니다. 우선주를 가진 주주는 의결권이 없어 기업 경영에 참여할 수 없습니다. 하지만 배당금이나 잔여 재산을 우선적으로 받을 수 있는 권리가 있습니다.

곳을 확인하면 됩니다. 최근 국내에서도 주주 환원에 대한 사회적인 요구가 높아지는 만큼 기업의 배당성향은 투자에 중요한 요소가 되고 있습니다. 삼성전자의 경우 2018년 처음으로 반기 배당을 실시하여 2020년까지 총 28조 8000억 원을 배당할 예정이라는 계획을 발표하였습니다.[30] 꾸준히 배당금을 지급하는 기업은 투자자들에게 인기가 있습니다. 투자자는 주가의 등락과 관계없이 안정적인 배당수익금을 챙길 수 있기 때문입니다. 실제로 우리나라 주식시장에서 배당금 수익률과 주가수익률을 살펴보면 상관관계를 발견할 수 있습니다.[31] 한편, 바이오 기업과 같은 성장 기업은 성장을 위한 투자에 집중하고, 자금 사

---

30 〈삼성전자 보유 자사주 모두 소각 … "주주가치 높인다"〉, 조선일보, 2018년 12월 1일.

31 박진우, 〈한국 주식시장에서 고배당주 투자는 유효한가?〉, 《금융안정연구 제13권 제1호》, 2012년.

정이 넉넉하지 않기 때문에 배당금을 주지 않는 경우가 많습니다.

2. 사업의 내용 : 무엇으로 돈 버는가?

삼성전자 매출액의 가장 큰 부분을 차지하는 사업은 무엇일까요? 기업이 어떤 사업으로 돈을 벌고 있는지, 비즈니스 모델이 궁금하다면 이곳에서 찾을 수 있습니다. 사업이 속한 산업에 대한 분석과 주요 제품의 최근 3년 간 매출액 추이, 매출 비중의 변화, 원재료 가격 등이 자세하게 나와 있습니다.

사업의 개요

삼성전자가 속한 산업의 특성, 국내외 시장 여건, 영업의 개황 등 사업 부문별 현황을 확인할 수 있습니다. CE 부문의 경우 대표적 소비자 가전인 TV 산업에 대한 설명이 나와 있습니다. 1926년 최초로 흑백 TV가 개발된 이후부터 최근까지 시대에 따라 변화하는 TV 산업, TV 시장에서 삼성전자 TV의 최근 3년간 시장점유율 추이, 2006년부터 2017년까지 12년 연속 TV 판매 1위를 달성한 내용 등을 확인할 수 있습니다. 하지만 팔은 안으로 굽는 법이죠. 자기소개서가 객관적으로 쓰일 수 없듯 사업에 관한 서술은 중립적인 관점에서 쓰이기 어렵습니다. 이 점을 염두에 두며 편하게 읽으면 좋습니다.

주요 제품, 서비스 등

부문별로 주요 제품의 매출액과 그 비중을 확인할 수 있습니다. 주

삼성전자 분기보고서(2019년 1분기)

II. 사업의 내용

1. 사업의 개요

가. 사업부문별 현황

당사는 본사를 거점으로 한국 및 CE, IM 부문 산하 해외 9개 지역총괄과 DS 부문 산하 해외 5개 지역총괄의 생산·판매법인, Harman 산하 종속기업 등 252개의 종속기업으로 구성된 글로벌 전자 기업입니다.

사업군별로 보면 Set 사업에서는 TV를 비롯하여 모니터, 냉장고, 세탁기 등을 생산·판매하는 CE 부문과 스마트폰 등 HHP, 네트워크시스템, 컴퓨터 등을 생산·판매하는 IM 부문이 있습니다. 부품사업에서는 DRAM, NAND Flash, 모바일AP 등의 제품을 생산·판매하고 있는 반도체 사업과 TV·모니터·노트북 PC·모바일용 등의 TFT-LCD 및 OLED 디스플레이 패널을 생산·판매하고 있는 DP 사업의 DS 부문으로 구성되어 있습니다. 또한 2017년 중 인수한 Harman 부문에서 Headunits, 인포테인먼트, 텔레메틱스, 스피커 등을 생산·판매하고 있습니다.

'사업의 내용'에서는 해당 기업의 비즈니스 모델을 알 수 있다. 주요 제품 및 서비스, 주요 원재료와 생산 설비 등 사업과 관련된 구체적인 정보를 확인할 수 있다.

력 제품의 성장세가 과거에 비해 더디거나 정체된 것은 아닌지, 새롭게 떠오르는 제품이 있는지 등 분기별 사업보고서를 살피며 표에 제시된 수치를 보고 나름의 판단을 내리는 훈련을 해야 합니다. 물론 뉴스 기사를 통해서도 분기 매출, 영업이익 등의 증감 여부를 확인할 수 있습니다. 하지만 어떤 자료나 데이터에 대한 기자의 주관을 그대로 수용하는 태도는 투자에 도움이 되지 않습니다. 동일한 수치를 보고도 투자자마다 판단이 다를 수 있습니다. 제시된 데이터를 갖고 스스로 판단하는 연습을 하는 것이 중요합니다.

주요 제품 등의 가격 변동 현황이 나와 있는 경우 역시 이곳에서 확

삼성전자 분기보고서(2019년 1분기)

[부문별 주요 제품]

부문		주요 제품
CE 부문		TV, 모니터, 냉장고, 세탁기, 에어컨 등
IM 부문		HHP, 네트워크시스템, 컴퓨터 등
DS 부문	반도체 사업	DRAM, NAND Flash, 모바일AP 등
	DP 사업	TFT-LCD, OLED 등
Harman 부문		Headunits, 인포테인먼트, 텔레메틱스, 스피커 등

사업 부문별 주요 제품들이 나와 있다.

삼성전자 분기보고서(2019년 1분기)

(단위 : 억원, %)

부문		주요 제품	순매출액	비중
CE 부문		TV, 모니터, 냉장고, 세탁기, 에어컨 등	100,409	19.2%
IM 부문		HHP, 네트워크시스템, 컴퓨터 등	272,003	51.9%
DS 부문	반도체 사업	DRAM, NAND Flash, 모바일AP 등	144,724	27.6%
	DP 사업	TFT-LCD, OLED 등	61,244	11.7%
	부문 계		206,154	39.4%
Harman 부문		Headunits, 인포테인먼트, 텔레메틱스, 스피커 등	21,947	4.2%
기타		-	△76,658	△14.6%
전체 계			523,855	100.0%

※ 부문간 매출액 포함기준입니다.(연결기준) [△는 부(-)의 값임]

사업 부문별 순매출액과 그 비중을 확인할 수 있다. 삼성전자의 경우 IM 부문이 전체 순매출액의 51.9%로 가장 많은 비율을 차지한다.

인할 수 있습니다. 하지만 대외비로 제품의 가격 변동을 보고서에 기입하지 않는 경우도 있습니다. 이런 경우 사업보고서 맨 첫 페이지에 나와 있는 작성 책임자에게 직접 전화해서 물어보는 것도 좋은 방법입니다.

사업보고서에서 정보 읽어내기

수능 사회탐구 혹은 과학탐구 영역, NCS(국가직무능력표준), 인적성 검사 등의
시험을 볼 때 자주 등장하는 문제가 있습니다. "표를 보고 확인할 수 있는 내용
은?" 또는 "표를 보고 유추할 수 있는 내용은?" 사업보고서를 볼 때에도 이런 문
제를 떠올리면 도움이 됩니다. 보고서 안의 표를 보고 그 속에 감추어진 내용을
읽어내야 하기 때문입니다. 가령 어떤 제품이 가장 많이 팔리는지 혹은 가장 안
팔리는지, 특정 제품이 분기별 혹은 매년마다 매출이 증대되는지, 감소되는지 같
은 것을 말합니다. 보고서에 직접적으로 나오지 않았지만 투자에 중요한 단서가
될 수 있는 내용들을 찾아내기 위해서는 반복하여 분석하는 연습을 해야 합니다.

주요 원재료

　사업 부문별 원재료의 총 매입액, 주요 매입처, 주요 원재료의 가
격 변동 추이를 확인할 수 있습니다. 판매 가격이나 원재료는 기업의
이익과 직접적으로 관련되는 부분으로 반드시 확인해야 합니다. 가령
'판매 가격 − 원재료 값 = 순이익'이라고 단순하게 가정했을 때, 기업
의 매출 규모가 작년과 비슷해도 판매 가격이 올랐다거나 원재료 값
이 하락했다면 기업의 순수익이 증가할 수 있기 때문입니다. 원재료
가격은 제지 업체와 같이 원재료가 원가 경쟁력을 결정하는 주요 요
소인 경우에 특히 중요합니다. 제지업은 펄프 등 원재료가 제조원가에
서 차지하는 비중이 30~40%나 됩니다. 그래서 국제 펄프 가격 변화에

삼성전자 반기보고서(2019년 1분기)

(단위 : 억원, %)

부문	매입유형	품목	구체적용도	매입액	비율	주요 매입처
CE	원재료	디스플레이 패널	화상신호기	5,884	12.3%	BOE, AUO 등
	원재료	기타		41,836	87.7%	
		부문 계		47,720	100.0%	
IM	원재료	Camera Module	휴대폰용 카메라	16,356	16.9%	삼성전기, 파워로직스 등
	원재료	Base Band Chip	CPU	8,902	9.2%	Qualcomm, Spreadtrum 등
	원재료	모바일용 디스플레이 패널	화상신호기	7,301	7.6%	BOE, China Star Optoelectronics 등
	원재료	기타		63,966	66.3%	
		부문 계		96,525	100.0%	
DS	원재료	Wafer	반도체원판	4,438	9.5%	SUMCO 등
	원재료	FPCA	구동회로	3,282	7.0%	비에이치, 유니온 등
	원재료	POL	편광판	3,232	6.9%	삼성SDI, 동우화인켐 등
	원재료	Chemical	원판가공	3,202	6.9%	동우화인켐 등
	원재료	Window	강화유리	3,087	6.6%	Biel, Lens 등
	원재료	Glass	DP용 유리기판	2,319	5.0%	코닝정밀소재 등
	원재료	기타		27,181	58.2%	
		부문 계		46,741	100.0%	
Harman	원재료	시스템온칩	자동차용 제품	1,173	24.9%	NVIDIA, Renesas 등
	원재료	자동차용 메모리	자동차용 제품	1,085	23.0%	Avnet, Microchip 등
	원재료	기타		2,457	52.1%	
		부문 계		4,715	100.0%	
		기타		85	–	
		총 계		195,786	–	

사업 부문별 주요 원재료 품목 그리고 원재료의 용도, 각 원재료의 총 매입액과 주요 매입처 등을 확인할 수 있다.

따라 이익이 크게 영향을 받습니다. 매출액이 크게 증가하지 않아도 펄프 가격의 하락으로 이익이 크게 개선되곤 합니다.

이처럼 원재료 가격이 순이익에 큰 영향을 주는 사업의 경우, 원재료 부분을 중요하게 볼 필요가 있습니다. 게다가 매출액이 10% 증가하였지만 원재료 등 판관비가 30% 증가하여 영업이익이 오히려 감소하는 상황도 발생할 수 있는데 이런 경우 전년 동기 대비 매출이 늘었을지라도 이익이 줄어 주가에 부정적인 영향을 줄 수 있습니다. 한편 원재료가 영업 기밀과 관련되어 있는 경우, 직접적으로 안내하지 않은 채 매입 비율만 대략적으로 표시해놓기도 합니다.

생산 및 설비

우리나라 경제의 근간은 제조업이라는 말을 들어보았나요? 최근에는 셀트리온과 같은 바이오 기업이나 에스엠 같은 엔터테인먼트 기업도 주목을 받고 있습니다만 여전히 삼성전자, SK하이닉스, 현대자동차 등 우리나라의 많은 대기업들은 제조업을 하고 있습니다. 그런데 제조업은 보유하고 있는 생산설비를 얼마나 효율적으로 잘 활용하고 있느냐가 중요합니다. 즉 생산능력, 생산실적, 가동률[32]이 기업의 순이익에 큰 영향을 줍니다. 모 기업의 노조가 며칠 파업을 해서, 그 손해가 수억 원이라는 뉴스 기사들이 종종 나옵니다. 이게 바로 공장의 가동과 관련된 이야기입니다. 제조공장 가동률은 바로 경제의 동력을 나타냅니다. 쉽게 생각해서 경기가 좋고 기업이 만든 제품이 잘 팔릴 때에는 공장을 쉬지 않고 가동해서 물건을 만들어 냅니다. 하지만 반대로 경기가 나쁘면 기업이 제품을 만들어도 팔리지 않아 재고만 쌓이게 되니 공장의 가동을 줄입니다.

실제로 1997년 외환위기 때 제조업 평균 공장 가동률이 70% 이하로 떨어졌습니다.[33] 공장 가동률이 70%라는 것은 공장 설비는 100개의

---

32 가동률 : 생산 설비가 실제로 어느 정도로 이용되는지 나타내는 비율. '실제 가동시간 ÷ 가동가능시간'으로 계산.

대기업의 주요 매입처를 눈여겨보자

삼성전자는 코스피 시가총액의 20% 이상을 차지하는 대기업입니다. 삼성전자,
LG전자, 현대자동차 등 주요 거대 제조업체에 납품을 하는 협력업체의 경우 주
의 깊게 살펴보면 좋습니다. 가령 코스닥 상장기업이 삼성전자와 같은 대기업
과 공급 계약을 맺은 경우 주가가 크게 뜁니다. 계약 체결 규모 등에 따라 전년
대비 이익이 크게 증가하여 기업 가치가 재평가받기 때문입니다. 예를 들어 '삼
성전자 분기보고서(2019년 1분기)'에 등장하는 원재료 주요 매입처 중 파트론
과 비에이치는 삼성전자에 카메라, 구동회로를 납품하는 코스닥 상장기업입니
다. 이 중 카메라를 납품하는 파트론은 삼성그룹의 계열회사인 삼성전기에서
분사해 설립된 기업으로 2019년 들어 주가가 크게 상승하였습니다. 그 이유는
2019년 출시된 스마트폰 갤럭시 S10에 탑재되는 카메라의 성능이 향상되고 그
수가 늘어나면서 매출과 영업이익이 큰 폭으로 증가했기 때문입니다.

제품을 생산할 수 있는 능력이 있지만 정작 제품을 70개밖에 만들지
않았다는 뜻입니다. 이처럼 제조업 평균 가동률은 제조업의 활력을 보
여주는 수치입니다. 통계청이 매월 말 발표하는 산업활동 동향에서 제
조업 평균 가동률을 확인할 수 있습니다.

이런 이유에서 관심 기업이 제조업체라면 사업보고서에서 공장의

---

33 정형민, 〈외환 위기 이후 설비투자 추이와 시사점〉, 삼성경제연구소, 2007년.

삼성전자 분기보고서(2019년 1분기)

(단위 : 천 대)

부문	품목	제51기 1분기		
		생산능력 대수	실제 생산대수	가동률
CE	TV	9,046	8,681	96.0%
IM	HHP	89,550	80,107	89.5%

당사 CE 및 IM 부문의 2019년 1분기 가동률은 생산능력 대비 생산실적으로 산출하였으며, TV가 96.0%, HHP가 89.5%입니다.

(단위 : 시간)

부문	품목	제51기 1분기		
		가동가능 시간	실제 가동시간	가동률
DS	메모리	17,280	17,280	100%
	DP	17,280	17,280	100%

DS부문의 메모리와 DP는 24시간 3교대 작업을 실시하고 있으며, 휴일을 포함하여 2019년 1분기 누적 가동일은 총 90일입니다. 90일×생산라인수×24시간으로 실제 가동시간을 산출하여 가동률을 계산하였습니다.

(단위 : 천 대)

부문	품목	제51기 1분기		
		생산능력 대수	실제 생산대수	가동률
Harman	Headunits	1,789	1,472	82.3%

사업 부문별 품목, 생산능력 대수, 실제 생산 대수 그리고 가동률을 확인할 수 있다. 가동률이 80%라는 뜻은 100대의 제품을 생산할 수 있는 설비가 80대의 제품을 생산했다는 의미이다.

가동률을 면밀히 살펴보아야 합니다. 그런데 주의해야 할 것은 기업마다 가동률을 계산하는 방법이 다르다는 점입니다. 가령 삼성전자 DS 부문의 메모리를 보면 가동률이 100%입니다. 이것을 보고 무작정 '역시 삼성전자는 달라. 가동률이 100%네!'라고 감탄만 해선 곤란합니다.

가동률은 '실제 가동시간 ÷ 가동가능시간'으로 구할 수 있습니다.

그런데 기업의 실제 가동시간이 동일하더라도 가동가능시간을 해당 기업이 어떻게 설정하느냐에 따라 가동률은 달라질 수 있습니다. 그러니 해당 사업보고서의 가동률 표 아래 나와 있는 설명을 참고하여 따져보아야 합니다. 만약 동일 업종 다른 기업의 설비 가동률을 비교한다면 동일한 기준으로 계산해 비교해야 합니다.

참고로 사업보고서에 있는 많은 수치들은 작성자의 의도에 따라 좋아 보이도록 포장될 수 있는 여지가 존재합니다. 따라서 최대한 보수적으로 접근하는 태도가 필요합니다.

생산능력이나 가동률 다음으로 살펴보아야 하는 것은 '시설투자 현황'입니다. 제품을 생산하기 위해서는 토지, 공장, 기계장치 등 생산을 위한 시설이나 설비가 필요합니다. 그러니 기업이 영업을 하기 위해 필요한 생산설비는 기업의 자산으로 기업의 가치에 영향을 주지요. 기업의 시설 투자현황 역시 이곳 생산 및 설비에서 확인할 수 있습니다.

그런데 시설이나 설비는 시간이 지남에 따라 노후되어 가치가 점차 감소합니다. 따라서 해당 회계 기간 동안 기계장치나 건물 및 구축물 등 유형자산이 얼마나 감가상각[34] 되었는지 혹은 신규 투자 중인 시설에 따른 자산의 변화는 어떠한지 등을 '시설투자 현황'에서 확인해야 합니다.

---

34 감가상각 : 시간의 흐름에 따라 감소하는 자산의 가치를 반영하는 회계 절차.

삼성전자 분기보고서(2019년 1분기)

(단위 : 억원)

부 문		매출유형	품 목		제51기 1분기	제50기	제49기
CE 부문		상품 제품 용역 기타매출	TV, 모니터, 냉장고, 세탁기, 에어컨 등	계	100,409	421,074	446,013
IM 부문		상품 제품 용역 기타매출	HHP, 네트워크시스템, 컴퓨터 등	계	272,003	1,006,777	1,066,683
DS 부문	반도체 사업	상품 제품 용역 기타매출	DRAM, NAND Flash, 모바일AP 등	계	144,724	862,910	742,556
	DP 사업	상품 제품 용역 기타매출	TFT-LCD, OLED 등	계	61,244	324,650	344,654
	부문 계				206,154	1,185,656	1,081,675
Harman 부문		상품 제품 용역 기타매출	Headunits, 인포테인먼트, 텔레메틱스, 스피커 등	계	21,947	88,437	71,026
기 타		-		계	△76,658	△264,230	△269,643
합 계					523,855	2,437,714	2,395,754

✳ 부문간 매출액 포함 기준입니다.(연결기준)　　　　　　　　　　[△는 부(-)의 값임]

해당 분기와 최근 2년간 사업 부문별 매출액을 확인할 수 있다.

매출

　매출에서는 당연히 매출 실적을 확인할 수 있습니다. 사업 부문별로 전년 혹은 전년 동기 대비 매출의 증가 혹은 감소를 확인할 수 있습니다. 기업에 따라 매출 유형별 실적, 주요 지역별 실적에 대해서도 세부적인 정보를 제공하기도 합니다.

　예를 들어 삼성전자의 경우 글로벌 기업으로 국내, 미주, 유럽, 아

삼성전자 분기보고서(2019년 1분기)

(3) 주요지역별 매출현황 (별도기준)

(단위 : 억원)

구　　분	제51기 1분기	제50기	제49기
국내(내수)	49,210	168,213	165,684
미주	106,507	464,124	488,864
유럽	46,421	192,783	189,464
아시아 및 아프리카	84,911	330,903	317,661
중국	83,335	547,796	457,477
계	370,384	1,703,819	1,619,150

주요 지역별 매출 현황. 제51기 분기를 살펴보면 미주와 중국이 매출의 큰 부분을 차지한다는 걸 알 수 있다.

시아 등 주요 지역별 매출 현황 정보도 제공합니다. 위의 주요 지역별 매출 현황을 살펴봅시다. 저는 이런 표를 본다면 반드시 지역별 매출 비중을 따로 계산해봅니다. 삼성전자 분기보고서에서 제51기 1분기 지역별 매출 비중은 미주(28.8%), 아시아 및 아프리카(22.9%), 중국 (22.5%), 국내(13.3%), 유럽(12.5%) 순입니다. 미주와 중국에서의 매출이 전체의 50%가 넘습니다. 그러니까 삼성전자는 미주와 중국 매출 의존도가 높다고 말할 수 있겠습니다. 혹시 뉴스에서 삼성전자의 국내 매출 실적이 저조하다는 기사를 보더라도 섣불리 판단해서는 안 됩니다. 기업의 이익에는 미주 지역이나 중국에서의 매출이 훨씬 중요할 테니까요.

이제 다음 분기보고서를 살펴볼 때에는 매출 비중이 어떻게 변했는지, 중국 의존도가 더 줄었는지 혹은 높아졌는지 확인해볼 수 있겠죠. 이외에도 국내외 판매 경로와 판매 방법, 판매 전략, 주요 매출처 등

현대건설 분기보고서(2019년 1분기)

구분	공사명	발주처	공사착공일	완공예정일	기본도급액	완성공사액	계약잔액
	힐스테이트 리버시티	자체사업	2018-04-01	2020-07-31	1,468,287	312,329	1,155,958
	개포8단지 개발사업	자체사업	2018-06-01	2021-07-21	1,000,668	96,467	904,200
	힐스테이트 송도 더테라스	미래송도PFV㈜	2017-08-01	2020-09-30	644,284	201,760	442,524
	부산 송도 주상복합 신축공사	㈜아이제이홍수	2017-11-20	2022-05-05	583,315	51,551	531,763
	하남포웰시티	자체사업	2018-05-01	2021-02-28	553,981	119,769	434,213
	고덕주공3단지	고덕3단지 주택재건축정비사업조합	2016-12-01	2020-02-26	456,088	277,453	178,635
	세종마스터힐즈	자체사업	2018-03-15	2020-09-30	421,074	83,977	337,097
	킨텍스 원시티	자체사업	2016-04-18	2019-06-15	415,293	373,297	41,996
	디에이치 아너힐즈	개포주공3단지재건축조합	2016-08-31	2019-08-30	369,096	290,705	78,392
	힐스테이트 금정역	금정프로젝트금융투자㈜	2018-05-15	2022-03-02	359,622	33,621	326,001
	부산 연산3구역 주택재개발 정비사업	연산3구역 주택재개발정비사업조합	2018-04-15	2021-11-26	346,078	27,008	319,070

수주 상황에서는 현대건설이 수주한 공사명과 발주처를 확인할 수 있다. 더불어 공사에 따른 공사착공일, 완공예정일, 기본도급액 등 건설 수주 상황을 알 수 있다.

매출과 관련된 정보를 자세히 확인할 수 있습니다.

수주 상황

수주 상황에는 재무제표에 중요한 영향을 미치는 장기공급계약 수주[35] 거래에 대한 내용이 나와 있습니다. 특히 건설, 선박 등 수주를 받아 공사를 진행하는 업종이라면 반드시 수주 상황을 꼼꼼하게 확인해야 합니다.

이번에는 잠시 현대건설의 분기보고서를 살펴보겠습니다. 수주 상황을 보면 기본적으로 현재 진행 중인 공사의 공사착공일, 완공예정일, 기본도급액, 완성공사액, 계약잔액 등의 자세한 내용을 확인할 수 있습니다.

건설 업계에서 쓰이는 각각의 용어를 간단하게 알아보자면 기본도

---

35 수주(受注) : 주문을 받음.

급액(도급 금액)은 수주 총액입니다. 즉 총 계약 금액을 말합니다. 완성공사액은 해당 기간까지 진행된 공사의 완료분에 대한 금액을 말합니다. 계약잔액은 아직 재무제표에 반영되지 않은 금액으로 기본도급액에서 완성공사액을 차감한 금액입니다. 만약 공사가 70% 진행되었다면 아직 진행하지 못한 30%가 남아 있겠죠? 70%가 완성공사액, 30%가 계약잔액입니다. 그러니까 아직 공사를 진행하지 않아서 남아 있는 잔액이죠.

건설사는 기본적으로 공사 비용을 청구하지 못하거나 공사 일정이 지연되어 비용이 증가하는 등의 리스크를 안고 있습니다. 가령 해외 수주 중 중동 지역의 경우 종교적 분쟁 등으로 인하여 공사가 중단되거나 기한보다 지연되는 문제가 자주 발생합니다. 일례로 2017년 삼성엔지니어링은 사우디아라비아 담수청과 맺었던 '얀부 발전 프로젝트'라는 1조 6천억 원 규모의 공사 계약을 해지하였고,[36] 2018년 현대건설은 이란에 5억 2천만 달러 상당의 정유 공장을 건설하려던 계약을 해지하였습니다.[36] 거대 규모 계약의 체결이 호재로 인식되듯 계약 해지는 악재로 해석됩니다. 그러니 특히 중동 지역에서 발생한 수주 소식은 보수적인 관점에서 받아들여야 합니다.

이에 더해 미청구공사 역시 건설사가 지닌 큰 리스크 중 하나입니다. 건설사는 공정률에 따라 공사 비용을 받는 구조이기 때문에 어쩔 수 없이 미청구공사액[37]이 발생합니다. 기자재 조달 비용 등이 당초

---

36 〈한국 현대건설, 5억 달러 이란 건설 계약 해지〉, VOA뉴스, 2018년 10월 31일.

예상보다 더 많이 들어갈 경우 일단 미청구공사액으로 회계 계정을 잡고, 이후에 해당 비용만큼 발주처에 청구합니다. 그런데 미청구공사액은 발주처에서 인정하지 않는다면 손실이 될 수 있는 비용입니다. 특히 중동 지역의 수주 건에 미청구공사가 많이 집중되어 있습니다.[38] 받지 못하는 비용이 증가하면 기업의 실적은 악화될 수밖에 없습니다. 그리고 이는 주가에 반영되겠죠. 따라서 건설업종의 기업 투자에 관심이 있다면 공사 지연이나 공사 대금 청구 지연 등의 리스크가 존재함을 반드시 숙지하고 있어야 합니다.

마지막으로 건설사나 조선사는 공사 진행률에 따라 매출을 인식하고 맨 마지막에 잔금을 처리합니다. 그러다 보니 해당 분기 큰 수주 건의 잔금이 입금되면 단기적으로 실적이 크게 개선된 것처럼 보일 수 있습니다.

저는 개인적으로 토지나 부동산을 비롯한 건설업에 대한 지식이 부족하여 건설사나 조선사에 장기투자 하고 있지 않습니다. 관심 있는 건설 기업이 있다면 진행 중인 수주와 공사 진행 상황, 지급된 대금 등을 꼼꼼하게 살펴보아야 합니다.

시장 위험과 위험 관리 & 파생상품 및 풋백옵션 등 거래 현황

환율, 이자율, 신용, 유동성, 자본, 파생상품 등 말로만 들어도 어려운

---

37 미청구공사액 : 건설사가 발주처에 아직 청구하지 않은 공사 비용.
38 〈해외건설 중동 리스크 '빨간불' … 미청구공사 80.6% 집중〉, 뉴스1, 2016년 11월 23일.

금융과 관련된 위험에 대해 나와 있습니다. 지금 당장은 읽어도 이해가 어려울 수 있습니다. 파트4에서 환율, 이자율, 파생상품 등에 대한 기본적인 내용을 다루니, 그 부분을 숙지하고 살펴본다면 절반은 이해가 될 것입니다. 결국 기업의 가치와 주가는 주요 사업의 실적과 가장 큰 관련이 있기 때문에 아직 주식이 어려운 초보 투자자는 우선 기업의 사업 내용과 이익 등에 초점을 맞추어 공부하는 편이 좋습니다.

경영상의 주요 계약 등

상호 특허 사용 계약, 기술 라이선스 계약, 사업 매각 등 경영상의

삼성전자 분기보고서(2019년 1분기)

계약 상대방	항 목	내 용
Ericsson	계약 유형	상호 특허 사용 계약
	체결시기 및 기간	2014.01.25
	목적 및 내용	상호 특허 라이센스를 통한 사업 자유도 확보
	기타 주요내용	-
Google	계약 유형	상호 특허 사용 계약
	체결시기 및 기간	2014.01.25 / 영구
	목적 및 내용	상호 특허 라이센스를 통한 사업 자유도 확보
	기타 주요내용	영구 라이센스 계약(향후 10년간 출원될 특허까지 포함)
Cisco	계약 유형	상호 특허 사용 계약
	체결시기 및 기간	2014.01.23
	목적 및 내용	상호 특허 라이센스를 통한 사업 자유도 확보
	기타 주요내용	-
GlobalFoundries	계약 유형	공정 기술 라이센스 계약
	체결시기 및 기간	2014.02.28
	목적 및 내용	14nm 공정의 고객기반 확대
	기타 주요내용	-

경영상의 주요 계약

삼성전자 분기보고서(2019년 1분기)

과 목		제51기 1분기	제50기	제49기
연구개발비용 총계		5,037,153	18,662,029	16,805,637
(정부보조금)		△6,607	△11,645	△2,484
연구개발비용 계		5,030,546	18,650,384	16,803,153
회계 처리	개발비 자산화(무형자산)	△127,964	△296,304	△447,541
	연구개발비(비용)	4,902,582	18,354,080	16,355,612
연구개발비 / 매출액 비율 [연구개발비용 총계÷당기매출액×100]		9.6%	7.7%	7.0%

[연구개발비용] (단위 : 백만원)

※ 연결기준이며, 한국채택국제회계기준에 따라 작성되었습니다. [△는 부(-)의 값임]

연구개발 비용

주요 계약들이 나와 있습니다.

연구개발 활동

기업의 연구개발 조직과 연구 활동 및 비용 등 연구개발 활동에 관한 내용이 나와 있습니다. 연구개발과 그 성과는 기업의 성장과 관련됩니다. 가령 연구개발비 증가로 단기적으로 재무가 나빠져도, 그 이상의 연구 실적이 나온다면 주가가 크게 오를 가능성이 높습니다. 하지만 기업의 연구개발 비용이 매출액에 비해 과하지 않은지 살펴보아야 합니다. 재무상태에 무리가 될 만큼 과다한 연구개발비를 지출한다면 일시적으로 주가가 조정받을 수 있기 때문입니다. 그러니 내가 관심 있는 기업이 어떤 미래 사업에 투자하는지 혹은 어떤 분야에서 꾸준히 연구하고 성과를 내고 있는지 이곳에서 확인할 수 있습니다.

삼성전자 분기보고서(2019년 1분기)

[국가별 등록 건수(2019년 1분기말 기준, 누적)]						(단위 : 건)
국가	한국	미국	유럽	중국	일본	기타국가
건수	23,627	51,518	26,626	11,918	7,278	10,205

지적재산권

삼성전자 분기보고서(2019년 1분기)

							(단위 : 건)	
특허등록	'19.1Q	'18년	'17년	'16년	'15년	'14년	'13년	'12년
한국	801	2,055	2,703	3,462	3,002	3,985	2,775	2,024
미국	1,673	6,062	6,072	5,683	5,220	5,085	4,802	5,194

특허등록 상황

그 밖에 투자 의사결정에 필요한 사항

지적재산권 취득 추이, 온실가스 배출량 등 환경 규제를 준수하고 있는지 등의 내용이 있습니다. 제약, 바이오 기업처럼 특허나 기술이 사업 경쟁력을 결정짓는 데 중요한 경우 특허권 보유 현황을 관심 있게 보아야 합니다. 임상 진행 소식, 신약 개발이나 신규 특허 취득에 따라 주가가 크게 움직이기 때문입니다. 일반적인 특허 존속 기간은 출원일 기준으로 20년입니다. 그러니까 신약 기술 개발에 성공한 업체는 특허를 보유한 20년 동안 시장 내에서 독점적인 지위를 누릴 수 있습니다.

3. 재무에 관한 사항

재무제표(Financial Statements)는 기업의 장부로 특정 시점에 기업의 재무 상태를 보여주는 문서입니다. 기본적으로 재무제표에는 재무상태표, 포괄손익계산서, 현금흐름표, 자본변동표 그리고 주석이 있습니다. 이 책에서는 자산, 자본, 부채로 시작하여 미수금, 선급금 등 회계적인 이야기를 다루진 않을 것입니다. 다만 우리는 다음 3단계에서 대표적인 가치지표 세 가지를 포함하여 꼭 확인해야 할 내용을 중심으로 이야기해 보겠습니다.

4. 감사인의 감사 의견 등

회계법인의 감사 의견이 나와 있습니다. 우량 기업의 경우 감사 의견은 대개 '적정'이고 특기사항이 없는 경우가 많습니다. 하지만 코스닥 기업의 경우 감사 의견 '거절'이 나온다면 주가가 크게 하락할 수 있습니다.[39] 가령 코스닥 기업인 케어젠은 상장폐지 사유가 발생하여 2019년 3월 15일부터 매매거래가 정지되었습니다. 감사 의견에서 '의견 거절'을 받은 것이 그 이유입니다. 이후 이의신청서를 제출하고 기업심사위원회의 심의·의결을 통해 2020년 4월 9일까지 개선 기간을 부여받았지만 또다시 상반기 검토(감사) 의견 '의견거절'을 받았습니다.

---

39 〈코스닥 기업 '의견거절' 속출〉, 내일신문, 2019년 8월 16일.

5. 이사의 경영 진단 및 분석 의견

크게 중요한 내용은 아닙니다. 대개 사업보고서에만 기재되고, 분기·반기 보고서에는 기재되지 않는 경우가 대부분입니다.

6. 이사회 등 회사의 기관에 관한 사항

사내이사, 사외이사[40] 구성과 이사회의 의결 내용을 확인할 수 있습니다. 단순 가결 혹은 부결 여부뿐만 아니라 의결안에 대한 이사들의 찬반 여부까지 확인할 수 있습니다. 크게 중요한 내용이 없어 확인만 하고 넘어가는 편입니다. 하지만 사내외 이사들이 누구냐에 따라서 대선 테마주 혹은 경협주가 되기도 합니다. 예를 들어 2018년 12월 말 저명한 투자자 짐 로저스가 국내 코스닥기업 아난티의 사외이사로 신규 선임되며 기업의 주가가 급등하였습니다. 한편 전문적인 지식이나 경험이 충분치 못한 임원의 자녀 혹은 정치인의 자녀가 사외이사로 선발되어 사회적 물의를 일으키기도 합니다.

7. 주주에 관한 사항

내가 관심 있는 기업의 최대주주가 누군지 궁금하지 않나요? 이곳을 보시면 됩니다. 최대주주와 특수관계인이 보유한 주식 지분 및 최대주주와 관련된 간단한 경력까지 확인할 수 있습니다. 최대주주를 제

---

40 사외이사(社外理事) : 한자 그대로 회사 외부에 있는 이사를 말한다. 전문적인 지식이나 경험을 갖춘 사람을 사외이사로 선출하여 기업 경영에 조언을 구할 수 있다.

외하고, 5% 이상 의결권 있는 주식을 소유한 영향력 있는 주주와 나머지 소액주주 현황에 대해서도 확인할 수 있습니다.

8. 임원 및 직원 등에 관한 사항

회사 임직원의 주요 경력이나 재직 기간 등을 확인할 수 있는 곳입니다. 임원의 보수, 회사의 사업 부문별 직원의 연간 급여 총액과 성비, 근속연수 등을 확인할 수 있습니다. 임원(任員)이란, 기업이나 단체에 속하여 중요한 일을 맡은 사람을 의미합니다. 회사로 치면 사장, 부사장, 이사장, 이사, 전무 등의 고위직이 회사의 임원인 셈이지요. 임원은 등기임원과 비등기임원으로 나뉘는데 등기임원은 주주총회에서 선임되고, 비등기임원은 대개 회사의 대표자가 임명합니다. 따라서 등기임원의 급여는 주주총회에서 승인을 받아야 하고, 비등기임원의 급여는 주주총회의 승인이 따로 필요하지 않습니다. 비등기임원은 이사회에 참석할 수 없고, 의사결정권을 가질 수도 없습니다.

다만 비등기임원이라도 실질적으로 일을 했다면 급여와 퇴직금을 모두 받을 수 있기 때문에 이런 시스템을 악용하여 자녀나 친인척을 비등기임원으로 이름만 올려두고, 실제 근무하지 않았음에도 급여와 퇴직금을 챙겨주어 사회적으로 크게 물의를 일으킨 사례들이 있습니다. 그러니 임원의 보수가 실적에 맞게 타당한지, 월급만 타가는 사람은 없는지 살펴보아야 합니다. 사회적, 도덕적 문제는 당장의 주가에 영향을 줄 수도 있고, 보수가 과다한 경우 회사 이익과 성장 모두에 악영향을 미칠 수 있기 때문입니다. 주주의 이익을 고려하지 않는 기업

삼성전자 분기보고서(2019년 1분기)

(기준일 : 2019년 03월 31일) (단위 : %)

피출자회사 출자회사	삼성물산	삼성전자	삼성SDI	삼성전기	삼성중공업	호텔신라	삼성엔지니어링	제일기획	에스원	삼성SDS	삼성라이온즈	삼성경제연구소	스테코
삼성물산		5.0			0.1		7.0			17.1		1.0	
삼성전자			19.6	23.7	16.0	5.1		25.2		22.6		29.8	70.0
삼성SDI					0.4	0.1	11.7		11.0			29.8	
삼성전기					2.2							23.8	
삼성중공업												1.0	
제일기획					0.1						67.5		
호텔신라													
에스원													
삼성경제연구소													
삼성SDS													
삼성생명보험	0.1	8.8	0.2	0.2	3.2	7.7	0.1	0.2	5.4	0.1		14.8	
삼성화재해상보험		1.5				0.2			1.0				
삼성증권						3.1			1.3				
삼성카드						1.3		3.0	1.9				
삼성디스플레이													
삼성바이오로직스													
삼성자산운용													
미라콤아이엔씨													
삼성전자서비스													
Harman International Industries, Inc.													
Red Bend Software Ltd.													
계	0.1	15.3	19.7	23.9	22.0	17.3	19.0	28.5	20.7	39.8	67.5	100.0	70.0

관계기업 및 자회사의 지분 현황

들은 시장에서 외면당하기 마련입니다.

마지막으로 등기임원의 경우 임기 만료일이 얼마 남지 않았다면 기업 입장에서는 퇴직금을 지급해야 하고 임원 입장에서는 보유 중인 주식을 처분할 수도 있습니다. 이런 사항은 실적에 일시적인 영향을 미칠 수 있습니다.

9. 계열회사 등에 관한 사항

기업 개요에 간단하게 나와 있던 계열회사 현황을 자세하게 확인할 수 있습니다. 기업의 연결관계를 알아두는 것은 중요합니다. 지배기업과 종속기업은 연결재무제표로 이어지기 때문입니다. 복잡하게 관계를 맺고 있는 삼성그룹의 지배구조를 이곳에서 확인할 수 있습니다. 특히 타 법인에 대한 출자[41]와 지분율도 이곳에서 확인할 수 있습니다. 출자회사(Mutual Investment Company)는 영문명을 확인하면 쉽게 이해할 수 있는데요, 상호 투자된 회사를 말합니다. 투자한 회사를 출자회사, 투자받은 회사를 피출자회사라고 합니다.

10. 이해관계자와의 거래 내용
대주주 등에 대한 신용공여, 협력업체에 대한 지원 등이 나와 있습니다.

11. 그 밖에 투자자 보호를 위하여 필요한 사항
말 그대로 투자에 필요한 '그 밖에', '기타'에 해당되는 내용이 나와 있습니다. 주주총회 의사록 요약 내용, 중요한 소송 사건, 국내외 채무보증 내역, 합병 등의 내용이 그것입니다. 가령 미국 애플사와의 소송 진행 현황과 소송 결과에 따라 회사에 어떤 영향이 미치는지 자세한 정보를 확인할 수 있습니다.

　제재 현황 등에서는 박근혜 정부의 최순실 국정농단 의혹 사건과 관련하여 삼성전자 임원이 특별검사로부터 기소된 내용을, 대외 후원 현황에서는 사회공헌기금 운영 계획에 120억 원가량을 책정하고, 저소득층 중고등학생을 위해 학습 지원한 내역 등을 확인할 수 있습니다.

41　출자(出資) : 자본을 내보내는 일. 돈을 투자했다는 뜻.

3단계 가치지표 세 가지로 관심 기업 분석하기

앞 내용에서 투자를 하기 전에 기업을 분석해야 한다, 기업에 대해서 반드시 알아봐야 한다고 했습니다. 그렇다면 우리는 어떻게 기업의 가치를 평가할 수 있을까요? 안정성, 수익성 그리고 성장성이라는 세 가지 측면에서 기업의 가치를 따져볼 수 있습니다.

기업의 가치에 대해 보기 전에 질문을 하나 해볼게요. 만약 '안정적이지만 월급이 적은 직장'과 '월급은 많이 주지만 안정적이지 않은 직장' 중 선택해야 한다면 어떤 직장을 고르실 건가요? 이런 질문을 받는다면 열심히 고민하지만, 보통은 적당히 안정적으로 오래 일할 수 있으면서 적당히 연봉도 높은 직업을 선택할 것입니다. 그리고 여기에 더해서 꾸준히 연봉이 인상되는 직장이라면 금상첨화겠죠? 기업에 투자를 할 때에도 마찬가지입니다. 한 가지 장점만 갖춘 기업보다는 안정성과 수익성 그리고 성장성을 모두 갖춘 기업에 투자하는 편이 좋습니다.

기업이 안정성, 수익성, 성장성이라는 3대 요소를 모두 갖추었는지 확인하기 위해서는 반드시 재무제표를 살펴보아야 합니다. 이때 전 분기 혹은 전년도의 재무상태를 살펴보는 것도 좋지만 더 오랜 기간 동안의 자료를 모두 살펴볼 필요가 있습니다. 그 이유는 1~2년 동안 좋은 성적을 낸 기업보다 10년 동안 꾸준히 좋은 성적을 낸 기업에 투자하는 편이 낫기 때문입니다. 워런 버핏은 적어도 최근 10년간 재무제표를 분석해야 한다고 했습니다. 네이버 증권에서 제공하는 기업실적 분석 자료는 최근 3년 동안의 자료만 제공하기 때문에 그 이전의 자료는 전자공시 시스템(DART)에서 찾아야 합니다.

주주 몫 = 지배기업의 소유주 지분

기업의 가치를 평가하는 3대 요소를 살펴보기 전에 다시 원론적인 이야기를 해보겠습니다. 앞서 주식은 회사의 소유권이기 때문에 주주는 회사의 주인이라 하였습니다. 결국 기업의 직원들은 주주를 위해 일을 하고요. 그렇다면 직원들이 열심히 일하여 벌어들인 수익 중에 실제 주주에게 돌아갈 몫은 얼마일까요?

이해를 돕기 위해 직장인의 월급을 예시로 들어볼게요. 직장인 소공은 매달 200만 원의 월급을 받습니다. 그러면 가장 먼저 집 대출금과 이자(50만 원)를 내고, 월세와 공과금(50만 원)을 납부합니다. 통신비, 교통비, 식비 등(50만 원)을 모두 납부하면 소공의 수중에는 50만 원이 남습니다. 소공의 월급은 200만 원이지만 실제로 소공의 주머니에 들어간 돈은 모든 비용을 제하고 남은 50만 원입니다.

같은 맥락에서 기업이 벌어들인 수익 중 실제 주주의 몫을 생각해 보겠습니다. 기업의 매출액은 다다익선입니다. 많을수록 좋지요. 하지만 기업이 벌어들인 수익 전부가 주주 몫은 아닙니다. 벌어들인 수익에서 제품을 만들기 위한 원재료 값을 차감하고, 직원에게 준 월급을 차감하고, 채권자에게 갚은 이자 비용을 차감하고, 정부에 낸 세금을 차감하는 등 모든 비용을 제외하고 맨 마지막에 남은 몫이 주주들의 몫이 됩니다. 그래서 재무상태표의 자산에서 부채를 제하고 남은 항목이 자본 항목인 '지배기업의 소유주 지분' 부분이 주주들의 몫이 됩니다.

투자지표 1 안정성 기업이 안정적인가?

최근 통계청이 발표한 자료에 따르면 청년 10명 중 3명이 공무원 시험을 준비하는 일명 공시족이라고 합니다.[42] 장기적인 경제불황 속에서 청년들이 안정적인 직장을 선호하는 모습을 보이고 있습니다. 직장을 선택하는 데 가장 중요한 첫 번째 요소로 '안정성'을 꼽은 것이죠. 안정성은 기업을 평가할 때도 중요한 요소입니다. 더군다나 최근 미 · 중 무역 전쟁, 일본 수출 규제 등 대내외적으로 경제에 부정적인 뉴스가 많이 들립니다. 게다가 세계적인 헤지펀드 브리지워터 어소시에이츠 창립자인 레이 달리오는 2020년에 최악의 경제불황이 올 것이라 경고했습니다. 특히 경기가 어려울수록 기업의 안정성은 중요한 요소가 됩니다.[43]

> 순현금성자산 = 현금및현금성자산 + 단기금융상품 − 단기차입금

기업의 안정성을 가장 쉽게 판단할 수 있는 방법은 기업이 보유한 순현금성자산을 확인하는 것입니다. 개인적으로 현금성자산이 넉넉한 기업을 좋아하기에, 재무제표를 확인할 때 가장 먼저 확인하는 것이

---

42 〈청년 취준생 71만 명, 13년만에 최다 ⋯ 10명 중 3명 공시족〉, 연합뉴스, 2019년 7월 16일.
43 Ray Dalio, 《Big Debt Crises》, Bridgewater, 2018.

한국기업평가의 요약연결재무제표(2018년 사업보고서)

(단위 : 원)

구 분	제38기 1분기 (2019년 3월 말)	제37기 (2018년 12월 말)	제36기 (2017년 12월 말)
[유동자산]	104,949,103,378	103,236,120,999	101,576,535,542
1. 현금및현금성자산	9,570,650,959	12,920,003,049	11,075,843,687
2. 단기금융상품	82,200,000,000	82,200,000,000	83,800,000,000
3. 매출채권 및 기타유동채권	13,178,452,419	8,116,117,950	6,700,691,855
[비유동자산]	29,658,460,824	27,490,954,024	26,090,238,455
1. 장기투자증권	9,310,403,400	9,310,403,400	7,654,210,400
2. 매출채권 및 기타채권	9,931,734,225	9,689,090,429	11,144,005,123
3. 유형자산	7,373,156,371	5,183,765,239	4,124,395,298
4. 무형자산	2,335,383,766	2,474,799,808	2,760,825,376
5. 이연법인세자산	74,286,203	148,983,886	149,465,210
6. 기타비유동자산	633,496,859	683,911,262	257,337,048
자산 총계	134,607,564,202	130,727,075,023	127,666,773,997
[유동부채]	24,303,357,160	23,020,554,820	20,919,069,192
[비유동부채]	6,508,800,975	5,094,821,328	3,973,338,829
부채 총계	30,812,158,135	28,115,376,148	24,892,408,021
[지배기업 소유주지분]	90,275,500,523	87,098,437,076	87,887,088,831
1. 자본금	24,452,570,000	24,452,570,000	24,452,570,000
2. 자본잉여금	16,236,098,725	16,236,098,725	16,236,098,725
3. 기타자본구성요소	(12,526,938,213)	(12,526,938,213)	(8,255,575,087)
4. 기타포괄손익누계액	2,885,846,652	2,885,846,652	1,594,016,112
5. 이익잉여금	59,227,923,359	56,050,859,912	53,859,979,081
[비지배분]	13,519,905,544	15,513,261,799	14,887,277,145
자본 총계	103,795,406,067	102,611,698,875	102,774,365,976

순현금성자산의 규모입니다. 현금이 많고 재무가 건전한 기업은 위기가 와도 버틸 수 있고 유상증자로 자본이 희석될 리스크가 적습니다. 예를 들어 2018년 말 코스닥 상장기업인 한국기업평가의 현금 및 현금성자산은 약 129억 원, 단기금융상품은 822억 원, 단기차입금은 없습니다. 즉 한국기업평가의 순현금성자산은 약 951억 원입니다. 그런데 18년 말 한국기업평가의 시가총액은 2400억 원이 채 되지 않았습니

다. 보유한 현금성자산만 해도 시가총액의 40%가 달하는 기업에 투자한다면 경기가 조금 어려워지더라도 회사가 망할 걱정은 하지 않아도 됩니다. 따라서 관심 기업이 보유한 순현금성자산이 시가총액, 동종업계와 비교하여 어느 정도인지 살펴봅니다.

자산(총자본) = 자본(자기자본) + 부채(타인자본)

부채비율(%) = 부채(타인자본) ÷ 자본(자기자본) × 100

두 번째로 살피는 것은 부채비율입니다. 부채비율은 타인자본에 대한 의존도를 나타내는 지표로 낮을수록 재무 안정성이 높다는 뜻입니다. 기업의 총자본에서 타인자본이 차지하는 비중이 클수록 기업의 안정성은 낮아집니다. 타인자본은 언젠가는 반드시 갚아야 하는 빚이기 때문입니다. 통상적으로 부채비율이 100% 이하이면 재무 안정성이 건전하다고 평가합니다. 부채비율이 100%라는 말은 자기자본과 타인자본의 비율이 1:1이라는 의미입니다. 기업은 연구개발, 공장 증설 등 사업의 성장을 위하여 일정 부분 부채에 의지할 수 있습니다. 하지만 부채가 증가할수록 리스크도 함께 증가한다는 점을 항상 기억해야 합니다. 이는 가계에도 동일하게 적용되는 부분으로, 빚이 과도하면 재무 안정성이 좋지 않다는 것은 상식입니다. 관심 기업의 부채가 과도하지는 않은지 살펴보세요. 과거부터 현재까지 부채 비율의 추이를 살피고, 동일 업종 내 경쟁 기업들의 부채 평균과 비교해 보아야 합니다.

유동비율(%) = 유동자산 ÷ 유동부채 × 100

세 번째로 살펴야 할 부분은 유동비율입니다. 사실 경기가 호황일 때에는 기업 평가에 안정성이라는 요소가 그다지 중요하지 않아 보일 수 있습니다. 하지만 불황 때에 주식이나 부동산 같은 자산의 가치는 줄어들기 때문에 현금이 가장 안전한 자산이 됩니다. 게다가 현금이 있어야 가격이 크게 떨어진 다른 자산에 투자할 수 있는 기회를 잡을 수 있겠지요.

유동성(Liquidity)은 현금으로 전환할 수 있는 능력입니다. 특히 자산과 부채를 현금화할 수 있는 능력을 말합니다. 자산과 부채는 유동성에 따라 유동자산과 비유동자산, 유동부채와 비유동부채로 분류됩니다. 이때에 유동성을 판단하는 기준은 1년입니다. 다시 말해서 유동자산은 1년 이내에 현금화할 수 있는 자산을 말하고, 유동부채는 만기가 1년 이내인 부채를 말합니다.

유동비율은 기업의 단기적인 채무 지급 능력을 보여주는, 재무 안정성을 평가하는 지표입니다. 일반적으로 200% 이상이면 안정적이라고 평가합니다. 하지만 계속 말하지만 절대적인 지표는 없습니다. 업종 특성상 평균적인 유동비율이 적은 경우도 있습니다. 하지만 유동비율이 낮아지면 돈이 마르는 유동성 위기를 겪을 수 있습니다.

이자보상비율 = 영업이익 ÷ 이자 비용

네 번째 안정성 지표는 이자보상비율입니다. 이자보상비율은 기업이 영업 활동으로 창출한 이익으로 대출금의 이자 비용을 지급할 능력이 있는지를 평가하는 지표입니다. 이자보상비율이 높을수록 부채 건전성이 좋다는 뜻입니다. 이자보상비율이 1이 되지 않는 기업은 영업이익으로 이자조차 내지 못하는 형편이라는 의미입니다. 따라서 이자보상비율이 1 이하이면 순이익이 적자가 될 가능성이 높아지고, 당연히 주주들에게 돌아오는 몫은 없어집니다.

시장에 이자보상비율이 1 미만인 기업의 수가 증가한다면 경계해야 합니다. 한계기업이 증가한다는 것은 기업의 수익성이 빠르게 악화하고 있다는 뜻이기 때문입니다. 금융위기 전후와 같이 경기가 좋지 않을 때 빌린 돈의 이자조차 갚지 못하는 한계기업이 늘어납니다.[44] 한국은행의 상·하반기 금융안정보고서에서 기업 규모별, 산업별 이자보상비율을 확인할 수 있습니다.

안정성을 평가할 때 마지막으로 살펴보는 것은 기업의 경영진입니다. 기업 지배구조가 투명하고 경영진의 평가가 좋은 기업이라야 안정성을 갖춘 기업입니다. 그런데 투자하기 전에 투자할 기업의 경영진을 평가해야 한다고 말하면 초보 투자자들은 너무 어렵다거나 못 한다

---

44 〈이자 비용 못 번 기업 비중 8년만에 최고 … 무역전쟁 땐 40% 육박〉, 연합뉴스, 2019년 6월 20일.

고 생각합니다. 큰 기업의 대표이사나 임원을 직접 만날 기회가 없기 때문입니다. 그렇다고 경영진에 대해서 단순히 뉴스에 나오는 정보만을 믿을 수는 없는 노릇이고요. 경영진은 숫자가 아닌 사람이기 때문에 직접 만나거나 인적 네트워크를 통한 정성적인 평가만 가능하다고 생각하기 쉽습니다. 하지만 경영진이 좋은지 혹은 나쁜지 판단할 근거 역시 전자공시와 사업보고서에서 찾을 수 있습니다.

예를 들어 과거에 대표이사나 임직원의 횡령 및 배임 사실이 확인된 이력이 있는 기업, 최대주주인 대표이사가 자신이 보유한 지분으로 단기적인 트레이딩을 하는 기업은 긍정적으로 평가할 수 없습니다. 이런 이력은 모두 전자공시에서 확인할 수 있습니다. 또한 사업보고서에 나와 있는 대표이사의 급여가 기업의 매출액이나 영업이익에 대비해 과다하거나 최대주주의 자녀들이 사내외이사에 등재되어 과다한 급여를 가져간다면 투자를 유보하는 편이 현명합니다. 혹은 재무가 충분히 건전함에도 불구하고 주주들이 납득하기 어려운 유상증자를 단행하는 기업이라면 투자하지 말아야 합니다.

이처럼 기업의 임원을 직접 만나지 못해도 전자공시와 사업보고서만 꼼꼼히 살펴본다면 경영진의 성향과 철학을 엿볼 수 있습니다. 추가적인 팁은 포털사이트의 종목토론방을 참고하는 것입니다. 저는 종목토론방에 대표이사에 대한 비방이 유독 많을 경우 검색을 해봅니다. 그러면 대표이사의 놀라운 과거 이력을 발견할 때가 자주 있습니다.

투자지표 2 수익성 돈을 잘 벌고 있는가?

기업의 수익성을 판단하는 대표적인 지표는 자기자본이익률(ROE, Return On Equity)입니다. 자기자본이익률(ROE)은 단어 그대로 자기자본 대비 순이익의 비율입니다. 자기자본으로 몇 퍼센트의 순이익을 냈는지 보여주는 지표이지요. 같은 자본으로 같은 사업을 하더라도 경영자의 역량에 따라 기업의 순이익이 달라질 수 있기 때문에 자기자본이익률은 경영자의 능력을 평가하는 지표이기도 합니다.

확실한 이해를 돕기 위해 예시를 들어볼게요. 두 기업 A와 B의 작년 순이익이 똑같이 100억 원이라고 합시다. 그런데 A기업의 자기자본은 5억 원이고 B기업의 자기자본은 10억 원입니다. 이런 경우 A기업의 가치를 B기업보다 더 높이 평가해야 합니다. 5억으로 100억 원의 이익을 창출해내는 기업과 10억으로 100억 원을 창출해내는 기업의 가치를 동일하게 볼 수 없기 때문입니다. A기업의 ROE는 20%, B기업의 ROE는 10%로, A기업은 동일한 자본으로 B기업보다 2배나 더 큰 이익을 내고 있습니다. 그러니 A기업이 B기업보다 더 나은 경영 능력을 갖고 있다고 평가할 수 있습니다. 만약 두 기업이 올해에도 동일한 ROE 비율을 유지한다면 A기업의 순이익은 B기업보다 커질 것입니다. 한편 A기업이 지속적으로 자기자본을 효율적으로 활용하여 수익을 창출한다면 해를 거듭할수록 자기자본은 늘어납니다. 자기자본이 늘어나면 결과적으로 ROE가 줄어들게 됩니다. 따라서 안정적으로 높은 ROE 수준을 유지하는 것은 배당과도 밀접한 관련이 있습니다.

$$\text{자기자본이익률(ROE)} = \frac{\text{당기순이익}}{\text{자기자본}} \text{[45]}$$

자기자본이익률(ROE)은 워런 버핏이 중요하게 여기는 지표입니다. 워런 버핏은 ROE가 최소 연 15% 이상인 기업이라면 투자에 메리트가 있다고 말했습니다. 자기자본이익률(ROE) 계산식을 살펴보면 분자에는 당기순이익, 분모에는 자기자본이 있습니다. 즉 순이익이 증가하거나 자기자본이 줄어들수록 ROE가 커집니다. 그런데 지속적으로 높은 ROE를 유지하기란 어려운 일입니다. 왜 그런지 함께 생각해볼까요? 규모가 작은 기업의 경우 급속도로 성장하는 산업군에 몸담고 있다면 순이익이 크게 늘어 단기간에 ROE가 증가할 수 있습니다. 예를 들어 4G에서 5G로 변하는 시기에는 통신장비의 수요가 급격히 많아져, 관련 기업의 매출액이나 순이익이 크게 늘어납니다. 그렇게 되면 ROE도 증가하겠죠. 하지만 산업이 과도기를 지나 안정기에 접어들면 다시 순이익이 감소하고 ROE 역시 감소할 수 있습니다. 반대로 기업의 규모가 큰 경우에는 순이익이 갑자기 증가하는 경우가 드뭅니다. 예를 들어 화장품이나 생활용품을 판매하는 기업의 경우 안정적인 매출이 창출되지만 새로운 사업 부문이 생기지 않는 이상 작은 성장 기업만큼

---

45 * 자기자본이익률ROE(%) = 지배기업의 소유주에게 귀속되는 당기순이익 ÷ 평균 지배기업 소유주지분 × 100
* 평균 지배기업 소유주지분 = (기초 지배기업 소유주지분 + 기말 지배기업 소유주지분) ÷ 2

비즈니스 모델이 이해되는 기업에 투자한다

투자할 기업을 선정할 때 매출이나 이익을 따지기 전에 먼저 해당 기업의 비즈니스 모델을 반드시 살펴봅니다. 비즈니스 모델이란 기업이 제품이나 서비스를 소비자에게 어떻게 제공할 것인지, 그리고 제품이나 서비스를 어떻게 마케팅하여 돈을 벌 것인지에 대한 사업 계획입니다. 만약 기업이 현금을 창출하는 비즈니스 모델이 잘 이해되지 않는다면 투자 결정을 유보해야 합니다. 설사 그 기업이 많은 현금을 창출하고 있다는 사실을 수치로 확인했을지라도, 어떻게 수익을 창출하는지 비즈니스 모델이 이해되지 않는 기업에 투자한다면 주가가 하락할 때에 그 원인을 모른 채 불안하여 결국 손절을 할 가능성이 높습니다.

갑자기 매출이 크게 증가하기 어렵습니다.

따라서 기업이 꾸준하게 높은 ROE를 유지하려면 자기자본을 조절해야 한다는 말이 됩니다. 매년 자기자본의 일부를 주주들에게 배당하여 자본총계를 조절해야 합니다. 국내 기업에서는 대표적으로 LG생활건강이 지난 10년 평균 ROE가 20% 이상이며 꾸준히 배당을 하고 있으므로 수익성 관점에서 좋은 점수를 줄 수 있습니다.

투자지표 3 성장성 규모가 크고 있는가?

성장성을 평가하는 대표적인 지표 세 가지는 매출액증가율, 영업이익증가율, 순이익증가율입니다. 당기 매출액이 전기 매출액보다 얼마나

	올해	1년 후	2년 후	3년 후	4년 후	5년 후
A기업	100	115	132	152	175	201
B기업	100	105	110	116	122	128

늘었는지, 당기 영업이익이 전기 영업이익보다 얼마나 늘었는지, 당기 순이익이 전기순이익보다 얼마나 더 늘었는지 보여주는 지표이기 때문입니다.

예를 들어 두 기업 A와 B의 올해 순이익이 똑같이 100억 원이라고 가정합니다. A기업의 순이익증가율은 매년 15%이고 B기업의 순이익증가율은 5%라면 5년 뒤 A기업의 순이익은 201억 원이 되고, B기업은 128억 원이 됩니다. 8년 뒤에는 A기업의 순이익이 B기업의 2배를 넘게 됩니다. 10%의 순이익증가율 차이가 8년 뒤에는 순이익 100%의 차이를 만듭니다. 따라서 기업의 성장성을 평가하기 위해서는 매출액과 영업이익 그리고 순이익이 매년 얼마나 빠르게 증가하는지 그 증가율을 살펴보아야 합니다.

매출액증가율 = (당기매출액 − 전기매출액) ÷ 전기매출액
영업이익증가율 = (당기영업이익 − 전기영업이익) ÷ 전기영업이익
순이익증가율 = (당기순이익 − 전기순이익) ÷ 전기순이익

매출액증가율, 영업이익증가율, 순이익증가율은 위와 같은 공식으로 쉽게 계산할 수 있습니다. 그러니 함께 각각의 매출액, 영업이익, 순이익에 대해서 정리해볼게요.

매출액

기업의 성장성을 판단하는 가장 확실한 지표는 매출액입니다. 재무제표에는 기업의 재정이 좋아 보이게 꾸밀 수 있는 여지가 곳곳에 존재합니다. 하지만 유일하게 속일 수 없는 부분이 손익계산서 맨 위에 위치한 매출액입니다. 큰 변동 없이 꾸준하게 매출액이 증가하는 기업 혹은 시장이나 산업의 변화로 급격한 매출 증가가 예상되는 기업에서 투자 기회를 발견할 수 있습니다.

영업이익

매출액에서 판매비와 관리비 등 비용을 제한 금액이 영업이익입니

변동비와 고정비

판매비와 관리비는 변동비와 고정비로 나뉩니다. 변동비(변동비성 비용)는 기업의 매출과 함께 비례하여 증가하는 비용이고, 고정비(고정비성 비용)는 매출액의 증가와 관계없이 지불해야 하는 비용입니다. 예를 들어 스마트폰을 만들 때 사용되는 원재료는 변동비이고, 직원들의 급여는 고정비입니다.

다. 물론 매출액도 중요하지만 성장성을 평가하는 데 가장 중요하게 꼽는 것은 영업이익률과 영업이익증가율입니다. 아무리 장사가 잘 되어도 마진이 남지 않는다면 의미가 없습니다. 즉 영업이익이 얼마나 남는지가 중요합니다.

매출액에서 매출원가를 차감한 금액이 매출총이익, 매출총이익에서 판매비와 관리비(판관비)를 차감한 금액이 영업이익입니다. 따라서 매출액이 동일하다고 가정해도 매출원가와 판관비가 더 낮은 기업의 영업이익이 더 큽니다. 매출액의 규모가 동일하더라도 영업이익률[46]이 높은 기업이 더 경쟁력 있는 것이죠. 따라서 관심 기업의 영업이익률이 동종업계에 속한 다른 기업보다 높은 편인지를 살펴보아야 합니다.

당기순이익

순이익은 영업이익에서 영업외이익과 특별이익을 더하고 법인세비용을 뺀 나머지 금액입니다. 쉽게 말해서 벌어들인 돈에서 직원들에게 월급 주고, 채권자에게 이자 내고, 나라에 세금 내고, 순수하게 주주들의 몫으로 계산되는 이익입니다. 당연히 주주 몫인 당기순이익도 다다익선입니다. 하지만 영업이익은 줄어들었는데 당기순이익이 늘어난 경우라면 반드시 속사정을 살펴보아야 합니다. 회계 작성자가 회사의 당기순이익을 부풀리기 위해 재무제표를 예쁘게 꾸몄을 수도 있

---

46 영업이익률 : 영업이익이 매출액에서 차지하는 비율. 영업이익률(%) = 영업이익 ÷ 매출액 × 100

예상 목표 주가 구하기

초보 투자자가 기업의 1년 뒤 예상 목표 주가를 스스로 구하기란 거의 불가능합니다. 이는 금융업에 종사하는 전문 애널리스트에게도 어려운 일이기 때문입니다. 따라서 증권사의 리포트를 참고하여 목표 주가를 유추하는 것이 가장 현실적인 방법입니다. 증권사는 예상 목표 주가를 구할 때 기업이 벌어들일 미래 순이익 대비 몇 배의 시가총액이 적당할지 계산합니다. 즉 미래 순이익을 기준으로 목표 주가를 계산하는 것이죠. 이를 공식으로 나타내면 적정 주가는 '**추정 주당순이익(EPS)** × **추정 주가수익비율(PER)**'로 계산됩니다. 따라서 주당순이익(EPS)과 주가수익비율(PER)만 정리해볼게요.

주당순이익(EPS, Earning Per Share)은 주식 1주당 기업의 순이익을 말합니다. 기업이 벌어들인 순이익을 발행한 주식의 총 수로 나눈 것입니다. 주가수익비율(PER, Price Earning Ratio)은 현재 기업의 주가를 EPS로 나눈 값입니다. 다시 크게 보면 '주가수익비율은 기업의 시가총액을 순이익으로 나눈 값'입니다. 즉 PER은 현재 기업의 시가총액이 순이익의 몇 배인지를 보여주는 지표입니다. PER은 수치가 낮을수록 기업이 저평가되어 있다는 의미로 해석됩니다. 가령 PER이 10배라는 것은 현재 기업의 시가총액이 순수익의 10배라는 의미로, 주주가 투자금을 회수하는 데 10년이 걸린다는 뜻입니다. PER이 20배라는 것은 투자금을 회수하는 데 20년이 걸린다는 의미가 되니 PER이 10배인 기업이 20배인 기업보다 저평가되었다고 볼 수 있습니다.

그러면 PER이 낮은 기업이 무조건 저평가되었다고 판단해야 할까요? 반복해서 말하지만 절대적인 수치 비교는 의미가 없습니다. 가령 삼성전자의 PER 7배, 메디톡스 PER 44배를 비교하여 삼성전자가 더 저평가되어 있다고 판단하긴 어렵습니다. 업종별로 따져보고, 해당 기업의 과거 평균 대비로 살펴보아야 합니다.

PER은 일종의 인기 지표입니다. 기업의 PER이 높다는 것은 순이익 대비 비싼 돈을 지불하더라도 투자할 만한 가치가 있다고 판단하여 매수하려는 투자자가 많다는 의미이기 때문입니다. 그래서 IT, 바이오, 2차전지 등 소위 뜨는 산업군의 업종 평균 PER이 높습니다. 반대로 전통적인 산업군 혹은 사양산업으로 치부되는 금융, 건설 업종의 경우 평균 PER이 상대적으로 낮은 편입니다. 하지만 어떤 기업이든 과도하게 PER이 증가하여 고평가되었다고 여겨진다면 주가는 적정한 가격 수준까지 조정을 받게 됩니다. 따라서 장기투자를 한다면 PER이 안정적인 수준으로 상승하는 기업에 투자하는 편이 좋습니다.

시장은 계속해서 변화하고 애널리스트는 주기적으로 분석 리포트를 업데이트하며 끊임없이 주가를 예측하려 시도합니다. 즉 증권사의 예상치는 계속 변하니 단순하게 리포트만 보고 투자를 해서는 안 됩니다. 실제로 증권가 기대 수준을 뛰어넘거나 혹은 밑도는 실적이 발표되어 주가가 급등하거나 급락하는 경우가 매우 많습니다. 이때에 전자의 경우를 어닝 서프라이즈 후자를 어닝 쇼크라고 합니다. 관심 기업의 증권사 리포트를 보며 증권사의 예상 목표 주가를 확인하고, 제시된 목표 가격이 적당한지 평가해보세요.

네이버의 PER 차트

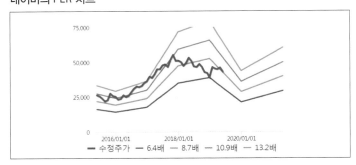

기업의 PER 변화 추이를 확인할 수 있다.

기 때문입니다. 당기순이익은 손익계산서의 아래쪽에 위치합니다. 즉 여러 계정을 통해 순이익을 늘리거나 줄이는 것이 가능합니다. 따라서 순이익도 중요하지만 본업으로 벌어들인 영업이익이 핵심입니다. 요즘은 연기를 잘하는 가수, 노래를 잘하는 배우들이 많지만 기본적으로 배우는 연기를 잘해야 하고, 가수는 노래를 잘해야 합니다. 기업도 마찬가지 아닐까요?

함께 기업의 가치를 평가하는 세 가지 요소를 정리해 보았습니다. 마지막으로 다시 한 번 당부하고 싶은 것은 관심 기업의 가치를 평가할 때에는 반드시 동일 산업 내 다른 기업들의 지표와 비교해서 평가해야 한다는 점입니다. 단순하게 '영업이익률이 30%면 높고 10%면 낮다.'고 생각해서는 안 됩니다. 또한 과거부터 현재까지 지표를 꾸준하게 유지해 왔는지 반드시 보아야 합니다. 워런 버핏은 관심 기업을 분석할 때 10년 동안의 재무제표를 살핀다고 했습니다.

4단계 추세, 수급 등 정보 살펴보기(기술적 분석)

기관, 외국인 매수세를 확인하라

'수급[47]이 좋다' 혹은 '수급이 나쁘다'는 무슨 뜻일까요? 외인이나 기

---

47 수급(需給) : 수요와 공급을 의미하는데, 주식시장에서는 주식을 사고파는 매매 동향을 수급이라고 부른다.

관의 매수세가 꾸준한 경우 수급이 좋다고 표현하고, 반대로 지속적인 매도세가 이어지는 경우 수급이 나쁘다고 표현합니다. 주식투자를 시작해 공부하다 보면 흔히 "수급이 좋은 종목에 투자해야 한다"는 말을 듣게 됩니다. 왜 그래야 할까요? 차근차근 같이 생각해보겠습니다.

혹시 증권가 지라시[48]라고 들어보셨나요? 사실인지 아닌지 확실하지 않지만 증권가에 떠도는 소문들을 말하는데, 과거에는 실제 종이 전단지로 배포되었다고 합니다. 요새는 스마트폰이 대중화되어 카카오톡이나 텔레그램 같은 메신저를 통해 전달됩니다. 저도 지인을 통해 몇 번 받아본 적이 있습니다. 그 안에는 아직 뉴스화되지 않은 정치, 경제, 사회, 연예 등 각 분야의 논란이 될 만한 이슈들이 있었습니다. 진위 여부를 알 수 없으니 그 내용을 사실 그대로 믿을 수는 없습니다. 그런데 그 안의 내용 중 일부가 뉴스화되는 것을 보고 '이래서 증권가 정보가 가장 빠르다고 하는구나.' 생각했습니다. 증권가에서는 정보가 곧 돈이기에 모두가 정보를 가장 빨리 얻기 위해 안테나를 세우고 있습니다.

정보가 곧 돈이라는 말, 증권가에 소문이 가장 빨리 퍼진다는 사실은 다른 관점에서 보면 주식시장에서 개인은 정보력에서 항상 열위에 있다고 해석될 수 있습니다. 쉽게 생각해서 기관이나 외인은 기업설명회(IR: Investor Relation)에 참석하고 얻은 정보를 바탕으로 투자 리포트를 작성합니다. 그렇게 기관의 애널리스트에 의해 작성된 리포트를 개

---

48 지라시 : 선전을 위해 만든 종이 쪽지. '찌라시'라는 표기로 더 많이 알려져 있다.

손바뀜이란?

손바뀜은 주식 보유자가 바뀌는 것을 뜻합니다. 주식 회전율을 말하는 것이죠. 주식 회전율은 주식 거래량을 상장주식 수로 나눈 값으로 얼마나 자주 매매되는지 손바뀜 정도를 보여줍니다. 보통 외인-기관 사이의 손바뀜은 주가 상승을 견인하는 경우가 종종 있습니다. 가령 외인이 먼저 매집하여 주가가 상승하면 이후 기관이 물량을 이어받아(외인이 매도한 주식을 매수하여) 주가 상승이 이어지는 흐름입니다.

인투자자가 보게 되지요. 결국 개인투자자는 기관이나 외인에 비해 한두 발씩 늦게 정보를 얻는 셈입니다. 게다가 그 정보는 증권사의 리포트, 기업의 공시, 뉴스 기사와 같이 작성자에 의해 주관적인 정보가 추가되어 가공된 자료입니다. 이처럼 개인은 기관이나 외국인에 비해 자금력뿐 아니라 정보력에서도 크게 뒤처집니다.

　그렇기 때문에 시세차익이 목적인 투자자에게 수급은 매우 중요합니다. 내가 기관투자자 혹은 외국인투자자라고 가정해봅시다. 특정 기업에 대한 좋은 정보가 있으면 누가 알기 전에 최대한 티를 내지 않고 먼저 투자하여 이익을 극대화하려 하겠죠. 반면에 투자하고 있던 기업의 악재를 발견했다면 빠르게 매도하여 손해를 줄이려고 하겠지요. 그러니 기관이나 외인이 얼마만큼의 금액을 매수 혹은 매도하는지, 얼마나 꾸준한 기간 동안 매수 혹은 매도하는지 움직임을 확인하는 것이

증권사는 어떻게 실시간 수급 정보를 알까?

한국거래소는 매매에 사용된 계좌의 소유에 따라 거래 주체를 구분합니다. 증권사는 이렇게 거래소에서 집계한 데이터를 받아 사용합니다. 약간의 시차가 존재하기 때문에 완전히 실시간 동향을 보여주진 않습니다.

중요합니다. 미래에 기업의 주가가 더 올라갈 것이라고 판단되면 지속적으로 매수할 것이고, 그 반대의 경우 지속적으로 매도할 것이기 때문입니다. 게다가 뉴스나 리포트는 기관이나 외인의 매집[49]이 꾸준히 있어서 주가가 크게 오른 다음에야 보도되기 일쑤입니다. 따라서 시장 상황과 수급을 고루 보며 뉴스에 특정 이슈가 보도되기 이전에 매수 혹은 매도할지 포지션을 잡을 수 있다면 좋습니다. 당연히 쉽진 않습니다.

관심종목의 최근 수급 동향을 살펴볼까요? 최근 1개월, 3개월, 6개월 간 꾸준히 기관 혹은 외인의 순매수가 있는지 살펴보세요. 그러고 나서는 주포가 누구인지 보조지표를 활용하여 확인해보세요. 나아가 매물대를 찾아보고, 지지와 저항이 될 만한 가격대를 찾아 표시해보세요.

---

49 매집 : 특정 종목의 주식을 대량으로 사 모으는 행위. 가격의 등락에 구애받지 않고, 즉 가격이 계속 떨어지는데도 지속적으로 매수하는 상황을 말한다.

주포를 확인하라

'주포'란 종목의 상승세 혹은 하락세를 이끄는 주체를 의미합니다. 대개 개인투자자보다는 자금력이 있는 기관, 외국인이 주포인 경우가 많습니다. 다만 시가총액 1,000억 원 정도의 작은 기업의 경우에는 자금력 있는 개인이 주포가 될 수 있습니다. 하지만 코스피 우량주 혹은 코스닥 시총 상위 기업의 경우 외국인이나 기관이 얼마나 꾸준히 매수 혹은 매도하는지가 궁극적으로 주가의 방향을 결정합니다.

일반적으로 코스피에서는 주포가 외국인이고, 코스닥에서는 기관이라고 하지만 모든 종목에 해당하는 말은 아닙니다. 보조지표 중 순매수 누적 차트를 활용하여 주식을 지속적으로 매집하는 주체를 확인해볼 수 있습니다. 보조지표 기능 중 '외국인 순매수 누적', '기관 순매수 누적', '개인 순매수 누적'을 이용합니다. 실제 주가의 흐름과 비슷한 누적 순매수 차트의 주인공을 주포로 보는 것입니다.

예를 들어 휠라코리아의 경우 외국인 누적 순매수가 지속적으로 증가하고 있고, 휠라코리아의 주가도 지속적으로 상승하고 있습니다. 에스엠의 경우 주가 추이는 기관 누적 순매수 흐름과 비슷합니다. 언뜻 보면 에스엠의 주가가 외국인 누적 차트와 비슷하다고 생각할 수 있으나 누적 순매수 금액에서 큰 차이가 있습니다. 그러니 일정 구간에서 휠라코리아의 주포는 외국인, 에스엠의 주포는 기관이라고 볼 수 있습니다.

휠라코리아와 에스엠의 누적 차트

보조지표에서 주체별 누적 순매수 차트를 추가하여 주포를 유추해볼 수 있다. 휠라코리아는 외국인 누적순매수가 증가하며 주가가 함께 상승하고, 에스엠은 기관 누적순매수 증가와 함께 주가가 상승하였다. (미래에셋대우증권 MTS)

외국인이 매집하는 종목을 무작정 따라 사지 마라

저는 사고 싶은 주식이 생기면 꼭 수급 정보를 확인합니다. 투자 주체별 순매수, 순매도 금액을 수치로도 확인하지만 꼭 분할 차트, 누적 차트도 확인합니다. 최근 1개월, 6개월, 1년 등 기간에 따라 지속적으로 매수 혹은 매도한 주체를 직관적으로 확인할 수 있기 때문입니다.

대개 기관이나 외국인은 좋은 기업을 발견하면 꾸준한 기간을 두고 지속적으로 매수하는 경우가 많습니다. 적게는 몇 개월에서 길게는 몇 년 동안 꾸준히 매집합니다. 다만 여기서 '매집'의 의미를 순수하게 매수만 하는 것으로 오해하면 안 됩니다. 외인이나 기관이 매집하는 종목이라도 주구장창 매수만 하는 것은 아니고, 매도 역시 함께 합니다. 하지만 결과적으로 매수량이 훨씬 우세하여 순매수가 지속적으로 증가하지요. 가령 11,000주를 매수하고 1,000주를 매도하면 순매수 10,000주가 됩니다.

그러면 외국인이나 기관을 따라 매수하고 매도하면 투자에 성공할 수 있을까요? 정답은 '아니오'입니다. 외국인이나 기관이 어떤 의도와 계획을 갖고 특정 기업의 주식을 매집하고 있는지 그 이유를 분명히 알 수 없기 때문입니다. 특히 외국인이나 국민연금의 경우 주가가 지속적으로 하락하는 기업의 주식을 1~2년 넘게 꾸준히 사 모으기도 합니다. 예를 들어 외국인은 최근 몇 년간 주가가 지속적으로 하락하고

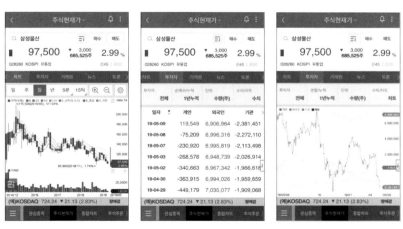

(순서대로) 삼성물산 월봉, 1년 누적 수치, 1년 누적 차트

있는 삼성물산의 주식을 꾸준히 매집하고 있습니다. 외국인 누적 순매수가 지속적으로 증가하고 있지만 주가는 꾸준히 하락하고 있습니다. 만약 단기적인 시세차익을 내려는 투자자가 그저 외국인이 산다고 따라 샀다면 이런 경우 손절하게 됩니다.

그런데 삼성물산은 삼성그룹의 실질적인 지주사라는 평가를 받고 있으며, 2017년부터 주당 2,000원의 배당금을 지급하고 있습니다. 외국인 투자자는 배당금이나 경영권 확보 등의 다른 목적으로 주식을 매집하는 것일 수 있습니다. 기관 혹은 외국인이 어떤 투자 시나리오를 갖고 있는지 우리가 정확하게 알 수 없습니다. 그러니 명확한 근거 없이 무작정 기관투자자를 따라 주식을 샀다가 주가가 하락한다면 불안하여 결국에는 손절하게 됩니다.

또 다른 사례가 있습니다. 셀트리온의 경우[50] 2017년 중반부터 주가가 크게 올라 8만 원대의 주식이 1년 만에 300% 넘게 상승하였습니다. 그런데 최고가에 도달한 이후 외국인의 차익실현과 공매도로 주가는 크게 하락하였습니다. 외국인이 매도한 물량 중 대부분을 개인이 매수하였으니 그 피해는 고스란히 개인투자자에게 전가된 셈이지요. 다음 셀트리온의 첫 번째 차트를 보면 2017년과 2018년에 기관의 매수세도 어느 정도 있었습니다만 공매도 비율은 떨어질 줄 몰랐고, 주가는 반토막이 났습니다.

이런 상황에서, "외국인들이 팔고 있으니 셀트리온은 안 좋은 기업

---

50 〈올해 셀트리온 '매물 창구'는 외국계 증권사였다〉, 뉴스1, 2018년 9월 11일.

셀트리온 공매도 비율과 투자 의견

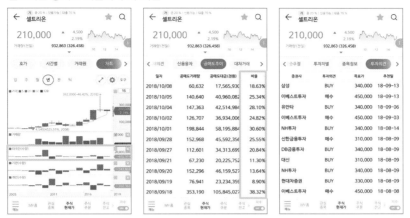

셀트리온의 공매도 비율은 2018년 9월~10월 하락장에서 30%까지 치솟았다. 그런데 증권사에서는 8월 ~9월에 계속해서 매수 리포트를 냈다. (미래에셋대우 MTS)

인가요?", "계속 떨어지는데 기관은 왜 매수하나요?"라는 질문을 던질 수 있습니다. 그런데 보조지표의 순매수 현황을 추가해서 과거부터 살펴보면 벌어진 상황에 대해 어느 정도 납득할 수 있습니다.

2010~2011년 외국인 순매수 보조지표를 보면 외국인이 꽤 많은 물량을 매수했다는 사실을 확인할 수 있습니다. 구체적인 금액과 투자자 정보를 셀트리온의 사업보고서에서 살펴보면 2010년 싱가포르의 국부펀드인 테마섹홀딩스가 100% 자회사인 Ion Investments B.V.를 통해 제3자 배정 유상증자로 셀트리온에 2079억을 투자했습니다. 테마섹은 당시 주당 17,000원에 주식을 취득하였고 2대 주주가 되었습니다. 테마섹은 이후에도 지분을 추가로 늘렸지만 주식 취득 평균단가는 2만 원 수준이었습니다. 그런데 10년이 채 되지 않아 셀트리온의 1주

당 주식 가격은 35만 원이 되었습니다. 테마섹이 보유한 지분 가치가 3574억 원에서 6조 원(2018년 기준)이 된 것이죠. 게다가 2018년 당시는 북미 관계, 미·중 무역전쟁, 유럽 및 신흥국 리스크 등 세계 경제의 불확실성이 높은 시기였습니다. 만약 우리가 셀트리온에 투자한 테마섹이라면 어느 정도 이익 실현 욕구가 생기지 않을까요? 그래서 테마섹은 2018년 초부터 지분을 매각하기 시작한 것입니다.

2017년 10만 원에 주식을 산 사람은 2018년 30만 원에 팔든 20만 원에 팔든 수익입니다. 물론 오랜 기간에 걸쳐 주식을 매수했겠지만, 초기에 많은 물량을 매수했다면 평균 매수 단가는 2018년 여름 뒤늦게 투자한 개인투자자에 비해 낮을 것입니다. 만약 2018년 여름에 개인투자자가 단지 기관의 수급 동향만 보고 따라서 33만 원에 매수했다면 손절할 가능성이 높습니다. 명확한 근거 없이 따라 사는 경우 가격이 떨어지면 불안함이 증폭되고, 이성적으로 판단하기 어렵습니다. 게다가 앞서 언급한 것처럼 기관이나 외인은 주가가 하락해도 공매도로 수익을 내는 방법이 있습니다. 그러니 기관이나 외인의 매수를 따라하다가는 큰 손실을 볼 수 있습니다.

실제로 2018년 여름 셀트리온 1주당 가격이 30만 원 이하로 떨어졌을 때 많은 증권사에서는 매수 의견을 담은 리포트를 냈습니다. 그런데 당시 이미 셀트리온의 공매도 비율은 평균 20~30%였고 주가는 제자리걸음이었습니다. 하지만 많은 개인투자자들은 셀트리온의 2017년 위상만을 추억하며 시장 상황을 고려하지 못한 채 높은 가격에 매수하였습니다. 그러고는 무작정 오르기를 기다리다가 어쩔 수 없이 강제

장기투자자가 되거나 손절하는 일이 생겼지요. 유튜브를 하면서 가장 많이 받았던 질문 중 하나가 "셀트리온 어떻게 생각하시나요?"였습니다. 아마 많은 개인투자자들이 비자발적으로 셀트리온의 장기투자자가 되었기 때문이라 짐작하고 있습니다.

주요지수 신규 편입은 호재가 될 수 있다

미세먼지로 '주가 쾌청' 위닉스, 코스닥150지수 편입에 또 급등[51]

국내 주요지수인 코스피200, 코스닥150에 포함되는 종목은 연 1~2회 정기적으로 바뀐다고 언급한 바 있습니다. 주요지수에 신규로 편입될 것으로 예상되는 기업의 주가는 지수에 포함되기 이전부터 시장의 주목을 받습니다. 해당 지수를 추종하는 패시브펀드를 통해서 새로운 자금이 유입되리라는 기대감 때문입니다.

같은 맥락에서 국내 기업이 모간스탠리캐피탈인터내셔널(MSCI) 지수, 파이낸셜타임스스톡익스체인지(FTSE) 지수 등 글로벌 지수에 편입될 것이라는 소식이 발표되면 시장은 더 크게 반응하는 편입니다. MSCI 지수와 FTSE 지수는 글로벌 기관투자자들이 펀드 설정, 자산 배분 등 투자 결정에 활용하는 대표적인 지표들이기 때문입니다. 즉 MSCI, FTSE 지수에 포함된다면 글로벌 패시브펀드를 통해서 신규 자금이 유입될 수 있다는 말이죠. 하지만 주식은 기대감에 움직이는 법입니다. 지수 편입 전에는 기대감에 주가가 과도하게 상승하지만, 실

---

51 〈미세먼지로 '주가 쾌청' 위닉스, 코스닥150지수 편입에 또 급등〉, 한국경제, 2019년 3월 8일.

제 주요지수에 편입되고 난 이후에는 오히려 주가가 하락하는 경우가 많으니 투자할 때 유의해야 합니다.

이동평균선으로 추세를 확인하자

주식을 시작하면 '추세'라는 말을 자주 듣게 됩니다. 추세(趨勢)는 어떤 현상이 일정한 방향으로 움직여 나가는 힘을 말합니다. 처음 주식을 공부하며 가장 고민했던 것이 '추세를 어떻게 확신하는가?'였습니다. 추세를 확인하고 매수에 동참한다면 적더라도 확실하게 수익을 낼 수 있기 때문입니다.

추세를 확인하는 몇 가지 방법이 있지만 가장 일반적인 것은 이동평균선을 이용하여 확인하는 방법입니다. 실제로 전업투자를 시작하며 가장 처음으로, 또 주로 사용한 자료가 이동평균선(줄여서 '이평선')입니다. 기술적인 여러 지표 중 가장 직관적이고 확실하게 가격 변동 추이를 보여주는 지표라고 생각했기 때문입니다. 하지만 이동평균선 역시 보조지표와 마찬가지로 과거 주가의 평균으로 만든 차트이기 때문에 후행성 지표입니다. 그래서 이를 바탕으로 미래 주가의 방향성을 예측하는 데에는 한계가 있습니다.

전업투자 초기에 이를 망각한 채 이동평균선만을 이용하여 투자를 했는데, 시장이 예상 이상으로 급변하여 손실을 크게 본 경험이 있습니다. 그러니 이 글을 읽는 독자 분들은 보조지표에 한계가 있다는 점을 늘 염두에 두셨으면 합니다. 그렇다면 저처럼 지표를 맹신하는 실수를 범하지 않을 테니까요.

일반적으로 가장 많이 사용되는 이동평균선은 5일선, 20일선, 60일선, 120일선 이렇게 네 가지입니다. 5일선은 일주일, 20일선은 1개월, 60일선은 3개월, 120일선은 6개월 동안 주가의 이동평균을 나타냅니다. 잠깐, 일주일은 7일인데 왜 5일 이동평균선을 사용할까요? 월요일부터 일요일까지 7일 중 주식시장이 개장하는 날은 주말을 제외한 5일이기 때문입니다. 그렇다면 240일선은 얼마만큼의 기간을 대표하는 이동평균선일까요? 네, 1년입니다.

관심 기업의 현재 주가가 저점 대비 어느 정도 상승했는지, 이평선을 통해 확인해보세요. 본인이 추세를 추종하는 투자자인데 관심종목이 횡보하거나 하락 추세에 있다면 매수를 일정 기간 유예할 수 있습니다.

현재 주가가 상승 추세라면 단기이평선이 중장기이평선 위에 있는 정배열[52] 형태가 보입니다. 반대로 하락 추세라면 단기이평선이 중장기이평선 아래에 있는 역배열[53]의 형태가 됩니다. 관심종목이 상승 추세에 있는지, 하락 추세에 있는지, 혹은 횡보 중인지 월봉과 보조지표 등을 활용하여 확인해봅시다.

보조지표는 맨땅에 헤딩을 막아주는 역할

주식 보조지표는 주가가 상승 혹은 하락하기 전에 먼저 단서를 주는 선행 지표가 아닙니다. 모든 이벤트가 끝나고 나서야 만들어지는 후행

---

52 정배열 : 단기, 중기, 장기이평선이 나란히 상승하는 것으로 강세장을 의미한다.
53 역배열 : 단기, 중기, 장기이평선이 나란히 하락하는 것으로 약세장을 의미한다.

이동평균선(Moving Average, 이평선)

이동평균선은 '일정 기간' 이동한 가격의 평균을 이은 그래프로, N일 이동평균선은 N일 동안 종가의 평균을 이은 선입니다. 5일 이평선이 6만 원이라는 말은 5일 동안 종가의 평균이 6만 원이라는 뜻입니다.

각각의 이동평균선은 기간에 따라 별명을 갖고 있습니다. 5일선은 생명선, 20일선은 추세선, 60일선은 수급선, 120일선은 경기선, 240일선은 대세선이라고 합니다.

생명선 : 5일 이동평균선(일주일)

5일선은 단기투자자들이 가장 많이 이용하는 이동평균선입니다. 주가가 상승 추세일 때는 5일선 위에서 상승하고, 반대로 약세일 때는 5일선을 뚫고 올라오지 못하고 그 밑에서 계속 하락합니다.

추세선 : 20일 이동평균선(1개월)

20일선은 중단기 매매 판단 시 많이 이용되는 이동평균선입니다. 마찬가지로 주가가 상승 추세라면 5일선이 20일선을 이탈하여 하락하는 경우가 적습니다. 반대로 하락 추세에 있을 때에는 5일선이 20일선을 상향 돌파하기 힘듭니다. 그래서 5일선이 20일선을 상향 돌파할 때를 추세의 전환으로 판단합니다.

수급선, 분기선 : 60일 이동평균선(3개월, 1분기)

60일선은 분기 실적을 바탕으로 한 기관이나 외국인의 수급을 확인할 수 있어 수급선이라고 부릅니다. 특정 기업의 다음 분기 호실적 혹은 실적 개선이 기대된다면 기관투자자들이 꾸준히 매수하기 때문에 60일선은 우상향합니다. 그래서 60일선 아래에 있던 5일선, 20일선이 60일선을 뚫고 우상향하는 것을 추세 전환의 신호로 해석합니다.

경기선 : 120일 이동평균선(6개월, 반기)

120일선은 기업의 반기 결산과 관련 있는 지표입니다. 경기 사이클과 비슷하게 움직인다고 하여 경기선이라고 불립니다. 침체에 빠졌던 경기가 나아질 것으로 기대된다면 120일선 아래에 있던 5일선이 120일선을 상향 돌파합니다. 반대로 경기 성장률에 대한 기대치가 낮아지거나 불황으로 전환될 때에는 5일선이 120일선을 하향 돌파합니다.

대세선 : 240일 이동평균선(1년)

주가가 1년 내내 하락 중이라면 대세 하락이라고 판단할 수 있겠죠? 반대로 1년 내내 상승했다면 대세 상승 구간으로 볼 수 있습니다. 그래서 240일선은 대세선이라 불립니다.

성 지표입니다. 그러니 보조지표를 이용하여 주가를 예측하는 데에는 분명한 한계가 존재합니다. 조금 더 쉽게 이해하기 위해 예를 들어보겠습니다. 바닷물이 해변으로 들어왔다 나가면 모래 위에 파도 자국이 남게 됩니다. 바로 이 파도 자국이 보조지표입니다. 보조지표를 이용하여 주가를 예측하는 것은 모래사장에 남겨진 파도 자국을 보고 다음에 올 파도의 세기를 예측하는 것과 같습니다.

이 책을 보는 분들 중에는 아직 자신의 투자 성향을 확신하지 못하는 분들이 많으시겠죠. 그리고 다양한 보조지표의 종류와 보조지표를 활용한 매매법이 궁금한 분들도 분명 계시겠죠. 저도 처음에 그랬으니까요.

제 경우에는 투자에 대한 가치 판단이 거의 확정되었을 때 참고용으로 보조지표를 활용하고 있습니다. 그러면서 매수할 가격대를 찾거나 매도 시점을 고려할 때 가끔 도움을 받기도 하고요. 후행성 지표만을 활용한 매매는 절대 추천하지 않습니다. 주식시장에 절대적인 공식은 없다는 것을 늘 명심해주세요. 보조지표에 관해서는 만화 〈슬램덩크〉의 명대사 "왼손은 거들 뿐."을 기억해주세요. 보조지표는 단지 거들 뿐입니다. 다음으로 가장 대중적인 보조지표인 이동평균선을 활용한 매매법에 대해 간단하게 소개하겠습니다.

이동평균선 매매법 두 가지

이동평균선의 특성을 이용한 대표적인 매매 기법 두 가지를 소개합니다. 차트를 활용한 매매를 권하는 것은 아니지만, 일반적으로 기술적 투자를 하는 투자자들이 거래량과 함께 가장 많이 사용하는 지표이기 때문에 간단히 이야기하고 넘어가려 합니다. 1) 주가가 이동평균선 위에 있을 때 매수, 이동평균선 아래 있을 때 매도하는 방법과 2) 골든 크로스가 발생했을 때 매수, 데드크로스에서 매도하는 방법입니다.

먼저 주가와 이평선을 이용하는 방법이 있습니다. 이 방법은 투자 기간에 따라 분류해서 살펴볼 수 있습니다. 대개 5일선이나 10일선은 단기매매, 20일선이나 60일선은 중장기매매에서 이용합니다. 그러니까 단기투자인 경우 주가가 5일 이평선 위에 있을 때 매수하고, 이탈할 때 매도합니다. 장기투자인 경우는 주가가 60일 이평선 위에 있을 때 매수하고, 이탈했을 때 매도합니다.

이렇게 이야기하면 "저는 단기투자자인데 5일선이 좋나요, 10일선이 좋나요?" 혹은 "20일선이 좋나요, 60일선이 좋나요?" 같은 질문을 할 수 있습니다. 하지만 누누이 말했듯 투자에 절대적인 공식이란 없습니다. 어떤 이평선을 사용하여 매매할지 혹은 더 나아가 어떤 방법으로 매매할지는 개인에 따라 달라질 수 있기 때문입니다. 누군가에게는 5일이나 10일도 장기가 될 수 있고, 누군가에게는

도이치모터스의 5일 이평선

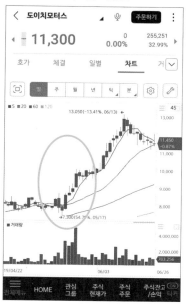

도이치모터스의 일봉차트이다. 5일선(초록색)이 20일선(빨간색) 주위를 횡보하다가 장대양봉이 나오고 골든크로스가 등장하며 상승 추세로 바뀌었다.

20일이나 60일이 단기가 될 수도 있습니다. 그리고 투자하려는 종목의 특성에 따라 어떤 이평선이 매매하기에 더 효과적인지도 얼마든지 바뀔 수 있습니다. 결국 개인의 투자 성향과 해당 종목의 특성을 고려해야 합니다.

두 번째로 단기이평선과 장기이평선을 이용한 매매 방법입니다. 단기이평선과 장기이평선이 교차하는 모습을 '골든크로스' 혹은 '데드크로스'라고 부릅니다. '골든크로스'는 단기이평선이 장기이평선을

골든크로스와 데드크로스

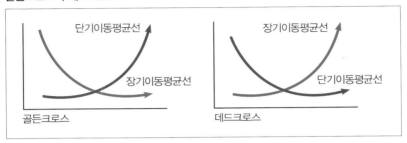

아래에서 위로 뚫고 올라갈 때를 말합니다. 반대로 단기이평선이 장기이평선을 하향 돌파할 때를 '데드크로스'라고 합니다. 이름에서 알 수 있듯이 골든크로스는 하락 추세에서 상승 추세로의 전환을 의미하고, 데드크로스는 그 반대를 의미합니다. 따라서 골든크로스에서 매수, 데드크로스에서 매도를 하는 투자 방법이 있습니다.

공매도 비율 확인하기

저는 매매를 할 때 평균 공매도 비율이 지나치게 높거나 최근 급격하게 높아진 주식의 매수를 유보하는 편입니다. 대개 공매도 비율이 표적이 된 종목의 경우 주가가 지속적으로 하락하거나 오랫동안 지지부진할 가능성이 높기 때문입니다.

공매도(空賣渡, Short Selling)는 주식투자에서 꼭 알아야 하는 개념 중 하나입니다. '빌 공(空)'이라는 한자어에서 알 수 있듯이 가지고 있지 않은 것을 판다는 뜻으로, 주가 하락에 베팅하여 수익을 내는 투자 방법입니다. 기존에 우리가 알던 투자 개념과 완전히 반대되는 개념이지요. 어떻게 그런 일이 가능하냐고요?

그러니까 1) 주가 하락이 예상되는 종목의 주식을 다른 투자자에게 빌려서 2) 현재(높은) 가격에 팔고, 실제 주가가 하락하면 3) 싼 가격에 사서 4) 시세차익을 내는 겁니다. 1)의 빌린 주식은 3)에서 다시 샀으니 갚으면 되는 거고요. 주식을 사서 파는 게 아니라 없으니까 빌려서 팔고, 사서 갚습니다.

공매도를 이용하면 보유하고 있는 주식이 하락하여 발생하는 손실을 헤지[54]할 수도 있고,

와이지엔터테인먼트 공매도 추이

일자	공매도거래량	공매도대금 (천원)	비율
2019/05/09	75,037	2,554,137	28.87%
2019/05/08	43,461	1,524,358	25.94%
2019/05/07	43,935	1,545,541	24.63%
2019/05/03	29,060	1,039,462	26.30%
2019/05/02	35,464	1,271,965	29.33%
2019/04/30	82,179	2,941,483	31.92%
2019/04/29	19,562	686,305	15.08%
2019/04/26	33,874	1,196,884	15.03%
2019/04/25	97,754	3,487,943	33.74%
2019/04/24	47,908	1,755,220	21.00%
2019/04/23	10,430	391,240	7.41%

2019년 5월 당시 평균 공매도 비율이 20~30%로 매우 높으며 주가도 하락 추세에 있다. (미래에셋대우증권 MTS)

고평가된 주식을 매도하여 차익을 얻을 수도 있습니다. 공매도를 이용하면 하락장에서도 수익을 낼 수 있다는 말이죠. 바꿔 말하면 공매도 비율이 갑자기 늘어난 것은 주가 하락에 베팅하는 투자자가 늘어났다는 뜻입니다. 그 결과 공매도 비율이 높으면 주가가 지속적으로 하락

---

54 헤지(Hedge) : 다른 자산에 대한 투자 등을 통해 보유하고 있는 위험자산의 가격 변동을 제거하려는 시도.

하거나 횡보하는 흐름을 보이는 경우가 많습니다. 관심종목의 평균 공매도 비율이 얼마인지 확인해봅시다.

공매도는 주식이 과대 평가되어 버블이 생기는 것을 어느 정도 방지하고 변동성을 줄이는 순기능이 있다고 합니다. 하지만 개인투자자는 기관이나 외국인과 달리 실질적으로 공매도 주문을 내기 어려워 주가 하락 시 모든 피해를 고스란히 떠안는다는 불만도 나오고 있습니다. 게다가 차입 공매도[55]가 아닌 무차입 공매도[56]가 공공연히 자행되고 있어 공매도에 대한 개인투자자들의 불만은 커지고 있습니다.

신용 비율을 확인하자

빚내 주식투자 급증 ··· 신용융자 잔고 사상 첫 10조 돌파[57]
상승 랠리에 빚내서 주식투자 11조 원[58]

일반적으로 신용거래융자는 주식시장이 상승장일 때 증가합니다. 증시 상승으로 인한 혜택을 누리기 위해 너도나도 빚을 내서 주식시장으로 뛰어들기 때문입니다. 하지만 신용거래융자가 급증했다는 뉴스는 '파티는 끝났다'는 신호로 해석됩니다. 신용 반대매매가 발생하여

---

55 차입 공매도 : 주식을 먼저 빌린 후 공매도 주문을 내는 것. 국내에서는 차입 공매도만 허용하고 있다.

56 무차입 공매도 : 주식을 빌리지 않고, 없는 주식의 공매도 주문을 내는 것으로 국내에서는 불법이다.

57 〈빚내 주식투자 급증 ··· 신용융자 잔고 사상 첫 10조 돌파〉, 아시아경제, 2017년 11월 30일.

58 〈상승 랠리에 빚내서 주식투자 11조 원 ··· 풀죽은 가상화폐 시장과 대조〉, 조선비즈, 2018년 1월 30일.

개인투자자들의 근거 있는 공매도 불신

개인투자자들의 공매도 불신이 사실로 밝혀졌습니다. 2018년 골드만삭스 서울 지점에서 60억 원 규모의 무차입 공매도가 버젓이 발생했습니다. 현행법상 공매도를 하기 위해서는 공매도 주문을 내기 전에 공매도 물량만큼의 주식을 먼저 빌려야 합니다. 그리고 이틀 뒤에 빌려왔던 주식을 갚아야 하지요. 즉 국내에서는 차입 공매도만 허용하고 있습니다. 그런데 골드만삭스는 주식을 차입하지 않은 채 공매도 주문을 냈습니다. 이후 뒤늦게 갚아야 할 주식을 사들였지만 물량이 부족해 필요한 주식을 전부 확보하지 못했고, 결국 빌린 주식을 갚지 못한 결제 불이행 사태가 벌어졌습니다.

골드만삭스 사태는 우리나라 공매도 시스템의 허점을 그대로 보여주는 사건입니다. 결과적으로 골드만삭스처럼 불법적인 무차입 공매도 거래를 하더라도, 결제만 제때 한다면 아무도 적발할 수 없는 시스템이라는 점이 드러났습니다. 결국 공매도 제도에 대한 개인투자자들의 오래된 불신과 분노는 실체가 있었다는 뜻입니다. 실제 기관투자자들끼리 주식 가(假)입고가 가능한 점, 해당 증권사조차 기관투자자의 무차입 공매도 여부 실시간 확인이 사실상 불가능한 점 등 현행 공매도 시스템에서는 무차입 공매도라는 불법이 너무나도 쉽게 이루어질 여지가 있습니다.

공매도의 부작용을 막기 위한 제도는 존재합니다. 대표적인 것이 공매도 과열종목지정제도입니다. 2017년 초부터 시행된 제도로 비이성적으로 공매도가 급격하게 증가한 종목을 따로 선정하여 다음 날 공매도 거래를 금지시키는 제도입니다. 공매도 과열 종목으로 지정되려면 다음 세 가지 요건에 모두 해당돼야 합니다.

1) 당일 전체 거래대금 대비 공매도 비중이 20% 이상(코스닥, 코넥스의 경우

15% 이상)

2) 공매도 거래대금 비중이 직전 거래일 평균 대비 2배 이상 증가

3) 전일 종가 대비 5% 이상 주가 하락

공매도 과열 종목은 매일 오후 6시 이후 한국거래소(KRX) 홈페이지에 공표됩니다. 게다가 현재 주가보다 낮은 가격에 공매도를 할 수 없는 업틱룰(up-tick rule)이란 규칙이 있습니다. 예를 들어 가장 높은 매수 가격이 40,450원이라면 공매도는 40,500원부터 가능합니다.

하지만 아무리 공매도의 부작용을 제한한들, 불법을 저질러도 잘 피하기만 하면 되는 그런 허울뿐인 제도라면 개인투자자들은 분노할 수밖에 없습니다. 국가 기관이 제대로 감독조차 하지 못하는 이 제도의 모든 피해는 현실적으로 공매도를 할 수 없는 개인투자자에게 돌아오기 때문입니다. 저는 현 공매도 제도에는 분명한 보완책이 필요하다 생각하고, 불법 공매도가 적발되면 과징금이 아닌 영업정지 등의 강력한 처벌을 해야 한다고 봅니다.

주식시장이 크게 하락할 위험이 함께 증가했다는 말로 해석될 수 있기 때문입니다.

신용거래융자란 무엇일까요? 남의 돈을 빌려 주식투자 하는 것입니다. 미수거래도 남의 돈으로 하는 투자이지만 이자가 없는 대신 만기가 매우 짧다는 점에서 다릅니다. 먼저 신용거래융자는 투자자가 이자를 내고 증권사에서 투자금을 빌려서 하는 주식투자를 말합니다. 신용거래융자 상환 기간은 적게는 일주일에서 길게는 6개월입니다. 이자

는 증권사마다 다르지만 5~12% 수준으로 고금리에 속합니다. 그런데 신용거래융자는 대개 개인투자자가 매수한 주식을 담보로 이루어지는 대출이기 때문에 140% 담보 비율(대출금을 포함한 계좌평가액/대출금)을 유지하지 못하면 자동으로 '반대매매'가 발생합니다. 반대매매는 투자자의 의사와 상관없이 하한가로 계산하여 주식을 강제로 처분하는 것입니다.

린지가 본인 돈 400만 원과 증권사에서 대출한 돈 600만 원을 합한 총 1,000만 원으로 주식투자를 한다고 가정해볼게요. 그리고 1,000만 원을 모두 사용하여 주당 10만 원짜리 주식을 100주 매수했다면, 이때 담보 비율은 약 167%(=1,000만 원/600만 원)입니다. 그런데 만약 린지가 매수한 기업의 주가가 25% 하락하여 주당 가격이 85,000원이 된다면, 담보 비율은 약 142%(=850만 원/600만 원)가 됩니다. 이렇게 담보 비율이 간당간당하면 증권사에서 문자메시지가 옵니다. '신용 유지 최소 비율에 근접했고, 추가 하락 시 반대매매(하한가로 계산)될 수 있으니' 돈을 입금하라고 친절하게 안내해주죠. 그런데 린지가 현금이 없어 부족한 담보를 채우지 못하면 다음 날 오전에 하한가로 반대매매가 나갑니다. 빌린 돈은 내 돈이 아닌 언젠가는 갚아야 하는 돈입니다. 변동성이 큰 주식시장에서 남의 돈으로 투자하는 것은 어리석은 행동입니다.

미수는 매수일로부터 3일째 되는 날(T+2)까지 돈을 갚아야 하는 단기 급전입니다. 그러니 결제일 이전인 오늘과 내일 중에 주가가 상승할 것으로 예상될 때 레버리지 효과[59]를 노리는 개인투자자가 미수

삼성전자와 셀트리온의 공여율 및 잔고율

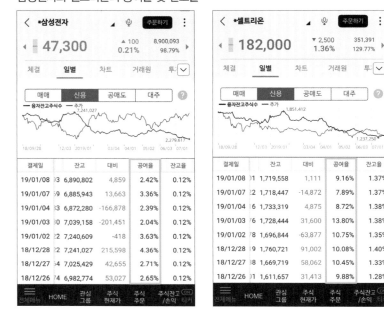

동일 기간 삼성전자의 공여율이 2% 내외이지만 셀트리온의 공여율은 10% 정도로 신용거래 비중이 적지 않음을 확인할 수 있다. (모바일증권나무 MTS)

거래를 이용합니다. 40~60% 정도의 미수증거금만 있으면 이자 없이 간편하게 돈을 빌려 주식을 살 수 있기 때문입니다. 만약 린지가 현금 100만 원을 보유 중이고, 미수증거금이 40%인 주식을 미수를 써서 매수한다면 총 250만 원(100%) = 100만 원(증거금 40%) + 150만 원(미수금 60%)어치 주식을 매수할 수 있습니다. 그래서 1주에 25,000원인

---

59 레버리지 효과 : 지렛대(leverage)를 쓰면 실제 힘보다 몇 배 무거운 물건을 움직일 수 있는 것처럼, 본인의 자본은 적지만 타인의 자본을 빌려서 자기자본이익률을 높이는 것.

주식 100주를 샀는데 주가가 20% 올랐다면 총 평가 금액은 300만 원이 됩니다. 그러니까 원금(100만 원) 대비 투자 수익(200만 원) 레버리지 효과가 생깁니다. 하지만 반대의 경우 예상대로 주가가 오르지 않아 정해진 날에 돈을 갚지 못한다면 신용거래와 마찬가지로 반대매매를 당할 수 있습니다.

이처럼 손해도 레버리지 되기 때문에 미수거래는 리스크가 매우 높은 거래입니다. 저는 신용거래 경험은 없지만 앞서 결제일을 착각해 실수로 미수거래를 한 적이 있다고 했지요. 그 뒤로는 꼭 당일 투자 가능한 예수금을 확인하고 매수하는 습관이 생겼습니다. 절대 남의 돈으로 주식투자하고 싶지 않기 때문입니다. 신용거래와 미수거래는 레버리지 되는 손실, 반대매매로 인한 손실이나 높은 이자와 같은 위험이 감춰져 있습니다. 따라서 주식투자는 반드시 내 돈, 그 중에서도 여유자금으로 해야 한다는 점이 기본 중의 기본입니다.

그렇기 때문에 관심종목의 신용 비율을 꼭 살펴봐야 합니다. 공여율이나 잔고율이 모두 높을수록 신용거래 비율이 높습니다. 신용거래 비중이 높은 종목은 공매도나 다른 이유로 주가가 하락할 때 반대매물이 나와 주가 급락이 가속화될 위험이 있습니다. 그래서 저는 투자하기 전에 관심 기업의 신용 비중을 꼭 살펴보고, 신용 잔고율 비중이 급격하게 늘어났다면 투자를 유보하거나 재고합니다.

$$(\text{신용}) \ \text{공여율} : \frac{\text{해당 종목의 융자 신규 주식 수}}{\text{해당 종목의 당일 거래량}} \times 100(\%)$$

결제일 기준 전체 거래 대비 신용거래 비율을 말합니다. 총 거래량이 100만 주인데 그 중 신용거래가 20만 주라면 공여율은 20%입니다. 공여율이 높으면 당일 거래 중 신용거래가 많다는 뜻입니다.

$$\text{(신용) 잔고율} : \frac{\text{해당 종목의 융자 잔고 주식 수}}{\text{해당 종목의 신용 한도 주식 수}} \times 100(\%)$$

전체 상장된 주식 중 신용으로 매수한 비율입니다. 상장된 주식이 100만 주인데 5만 주가 신용으로 매수되었다면 잔고율은 5%입니다. 공여율에 비해 좀 더 큰 개념이죠.

거래량이 적정한지 확인하자

거래량은 기술적 분석을 하는 단기투자자들이 가장 중요시하는 지표입니다. '거래량은 주가의 그림자', '거래량은 주가에 선행한다.'라는

품절주란 무엇인가요?

실제 유통되는 주식 수가 적어 매수하고 싶어도 매수하기 어려운 주식을 품절주라고 합니다. 유통 주식 수는 네이버 증권(금융)을 참조할 수 있습니다. 관심 종목을 검색한 후 페이지 중간의 '종목분석 > 지분현황'을 참고하세요.

말까지 있습니다. 왜일까요? 보통 주가가 상승하기 전에 먼저 거래량이 상승하기 때문입니다. 시장의 관심과 주목을 받아야 거래량이 증가합니다. 그래서 기술적 매매를 하는 투자자들은 캔들차트, 보조지표는 모두 후행성 지표이지만 거래량만은 선행성 지표라고 말합니다. (물론 거래량도 후행성 지표입니다.) 그래서 단기투자자들은 거래량을 기술적인 매매에 활용합니다. 최근 거래량이 평균 대비 급격히 증가하면 매수 신호로 보아 매수합니다.

에코마케팅 일봉차트 거래량 변화

2019년 2월 27일 에코마케팅의 거래량이 크게 증가하면서 주가가 급등하기 시작했다.

예를 들어 에코마케팅의 차트를 보면, 2019년 2월 27일 갑자기 외인과 기관의 수급이 들어오면서 거래량이 급등하였습니다. 당시 시가총액 약 2,000억 정도의 작은 기업이었으나, 기관투자자들의 주목을 받기 시작하면서 거래량이 3~10배가량 증가하였고, 주가가 상승 추세로 전환하였습니다. 이렇듯 거래량의 증가는 추세 전환의 신호가 되기도 합니다.

내 관심종목의 최근 거래량과 평균 거래량을 확인해볼까요? 평균

거래량을 살펴보고, 유통 주식 대비 거래량이 너무 적지는 않은지 확인해보세요. 거래량이 너무 없는 종목은 매도하려 내놓아도 팔리지 않는 경우가 있습니다. 따라서 트레이딩 관점의 투자자라면 거래량이 너무 적은 종목은 피해야 합니다.

불법 자전거래로 부풀린 거래량에 속지 말자

금감원, '불법 자전거래' 현대·교보證 '중징계'[60]
LG 사주 일가 '탈세·통정거래' 수사… 혹시 경영권 승계 때문?[61]

'불법 자전거래로 거래량을 부풀린다'는 말을 들어보셨나요? '거래량은 속일 수 없어!'라는 생각을 역으로 이용하는 방식이죠. 실제로 부당이익을 취하기 위해 불법 자전거래로 거래량을 부풀려서 주가를 조작할 수 있습니다. 자전거래(Cross Trading)는 주식을 동일한 가격에 팔고 되사는 행위로, 주로 그룹 내 계열사끼리 지분을 주고받을 때 사용됩니다.

여기서 "그룹 계열사끼리 지분을 주고받을 때 만약 다른 사람이 끼어들면 어떡하죠?", "자전거래를 위해 대량으로 매도 주문을 낸다면 일시적으로 주가가 크게 하락하지 않을까요?"라는 질문을 던질 수 있습니다. 그래서 자전거래는 주로 동시호가 시간대에 이루어집니다. 주가에 주는 영향을 최소화하고, 다른 사람이 끼어들어 주식을 사가는 것을

---

60 〈금감원, '불법 자전거래' 현대 · 교보證 '중징계'〉, 연합인포맥스, 2016년 4월 7일.
61 〈LG 사주 일가 '탈세 · 통정거래' 수사… 혹시 경영권 승계 때문?〉, 국민일보, 2018년 5월 9일.

방지할 수 있기 때문입니다. 혹은 기관투자자들이 동시에 매수, 매도 주문을 낼 때에도 사용되곤 합니다. 다음 예시를 살펴봅시다.

A계좌에서 삼성전자 100주를 39,000원에 매도 주문을 내고, 동시에 B계좌로는 삼성전자 100주를 39,000원에 매수하는 주문을 내어 거래를 체결시킬 수 있습니다. 그런데 자전거래를 하기 위해서는 반드시 한국 거래소에 신고해야 하며, 아래 세 가지 방법으로만 매매해야 합니다.

1. 정규장 시작 전 시가 또는 장 종료 후 종가 기준으로 매매를 체결하는 방법
2. 시간외 대량매매를(보통 종가 기준 5호가 내에서) 체결하는 방법
3. 일반적인 주식거래처럼 장중 호가로 대량매매를 체결하는 방법

한국거래소에서 자전거래 시 매매 방법까지 규정으로 정해둔 것은 자전거래가 불법적으로 악용될 소지가 있기 때문입니다. 특히 장중에 매매하는 세 번째 방법이 주가 조작에 자주 악용됩니다.

자전거래를 악용한 거래를 통정거래라고 합니다. 통정거래란 자전 거래와 비슷하지만 거래소에 신고하지 않고, 거래량과 주가를 인위적 으로 띄워 부당이익을 취하려는 목적으로 행해진다는 점에서 자전거 래와 다릅니다. 많은 사람들이 자전거래와 통정거래를 구분하지 않고 사용하지만 자전거래는 합법이고, 통정거래는 불법입니다. 쉽게 말해 '불법 자전거래 = 통정거래'라고 할 수 있습니다. 그렇다면 통정거래 로 어떻게 주가를 조작하는지 다음 이야기에서 살펴봅시다.

주가를 조작하려는 '급등이'라는 작전세력이 있습니다. 작전세력 급등이는 A팀과 B팀으로 나뉩니다. 이들은 먼저 시장에서 소외된 기업을 찾습니다. 적은 금액으로도 주가를 올리기 좋아 소위 작전치기에 좋기 때문입니다. 급등이는 시총 규모가 작고 거래량이 적어 유통 주식도 적당한 C기업을 발견합니다. 자, 이제 계획을 세우고 작업을 시작합니다.

먼저 A팀이 C기업의 주식 2만 주를 5,000원(매입 총액 1억 원)에 매수합니다. 그리고 나서 바로 매도 주문을 냅니다. 같은 팀인 B는 A가 매도한 물량 2만 주를 5,000원에 다시 삽니다. 이렇게 거래량 4만 주가 부풀려집니다. A와 B는 이런 식으로 주거니 받거니 하며 자전거래를 악용하여 단계적으로 가격을 올립니다. 이때 초보 개인투자자 D씨가 C기업의 주식을 발견합니다. D씨는 거래량이 중요한 선행성 지표라고 배웠습니다. C기업의 거래량과 주가가 급등한 것을 보고 매수할까 고민을 합니다. 고민하던 사이에 주가는 이미 상한가에 도달하여 매수하지 못합니다. D씨는 오늘 놓친 기회가 너무 아까워 다음 날엔 꼭 매수해야지 다짐합니다. 하지만 작전세력 급등이는 이미 상당한 물량의 주식을 매집하여 들고 있습니다. 그리고 원하던 목표가가 올 때까지 주식을 팔지 않습니다. 그 결과 실제 거래되는 주식 수는 더 크게 줄어듭니다. 매수하려는 사람은 많아졌는데 매도하는 사람이 없으니 주가가 더 급등하는 것입니다.

다음 날 아침 초보 투자자 D씨가 9시 전 호가창을 보니 상한가에 매수 주문이 몰려 있습니다. D씨가 또다시 투자할까 말까 고민합니다. 아직 결단을 내리지 못한 상태로 장이 시작하는데, 시작과 거의 동시에 상한가로 장이 종료됩니다. D씨는 후회를 합니다. 30%의 시세차익이 눈앞에서 날아갔다고 생각하기 때문이죠. D씨는 내일은 망설이지 않고 반드시 매수하리라 다짐합니다. 그리고 다음 날 시초가에 시장가로 매수 주문을 넣었습니다. 그런데 갑자기 몇 분 뒤 주가가 급락하기 시작합니다. 원했던 목표치에 도달하여 작전세력 급등이가 분할로 물량을 매도하기 시작한 것이죠. 이미 100% 가까이 급등했기 때문에 주가가 하락해도 급등이는 70% 이상의 수익을 낼 수 있겠죠? 결국 초보 투자자 D씨는 C기업 주식의 전고점에서 물리게 됩니다.

위의 이야기는 온전히 제 상상으로 꾸며진 허구입니다. 하지만 이런 식으로 작전세력 등 자금의 규모가 상대적으로 큰 투자자들은 거래량을 부풀리기 위해 의도적으로 불법 자전거래를 활용할 수 있습니다. 명심해야 할 부분은 이런 사건의 피해는 단순히 오른다는 이유로 일확천금을 꿈꾸며 묻지마 투자를 한 개인투자자들의 몫이라는 점입니다.

결론입니다. 거래량과 주가가 갑자기 크게 급등했다면 어떤 이유로 상승했는지 반드시 확인해야 합니다. 확인할 수 있는 특별한 이유가 없다면 불법 자전거래를 의심하거나 혹은 작전세력이 존재하지 않을까 의심할 필요가 있습니다. 무작정 '무슨 이유가 있겠지.'라는 생각에 묻지마 투자를 하면 절대 안 됩니다. 근거 없는 믿음이나 기대로 매매를 하는 것은 매우 위험합니다. 초보 투자자 D씨가 겪은 일이 우리 이야기가 될 수도 있습니다. 항상 이성적인 자세를 갖도록 자신을 단련해야 합니다.

오버행 이슈가 없는지 최근 공시를 확인하자

대량의 주식이 장중에 매도된다면 어떻게 될까요? 예를 들어 9,000억 규모의 셀트리온 주식 매도 주문이 나온다면 무슨 일이 일어날까요? 셀트리온의 주가는 크게 하락할 것이고, 투자자들도 크게 동요하여 시장에 패닉이 발생할 것입니다. 이런 대량의 주식이 매도될 때 예상되는 충격을 최소화하기 위해 존재하는 것이 블록딜(Block Deal) 제도입니다. 블록딜은 한국거래소의 K-Blox이라는 별도의 체결 라인을 통해 이루어지는 시간외 대량매매를 말합니다. 보통 최대주주가 보유 지분을 매각할 때, 사모펀드가 보유지분을 매각할 때 등 매도자가 대량으로 주식을 매각할 때 블록딜을 활용합니다.

싱가포르 국부펀드 테마섹이 보유한 셀트리온 지분 중 일부를 블록딜(시간외 대량매매) 방식으로 처분할 예정이다. 총 금액은 9,000억 원가량이다. 22일 증권업계에 따르면 테마섹은 이날 장 마감 이후 자회사 아이온인베스먼트(Ion Investments)를 통해 보유하고 있는 셀트리온 주식 12.45%(1,561만 7,794주) 가운데 339만여 주를 블록딜로 매각할 예정이다. 이번 딜은 크레디트스위스가 주관한다.[62]

삼성전자 주가가 삼성생명의 보유지분 블록딜(시간외 대량매매) 추진 소식에 5만 원 아래로 떨어졌다. (중략) 삼성생명이 삼성전자 보유지분 일부를 블록딜 방식으로 매각한다는 보도가 전해지면서 낙폭을 확대했다. 외국인과 기관 매물이 대거 출회되며 주가 발목을 잡았다. 금융투자업계에 따르면 외국인과 기관은 이날 삼성전자 주식을 각각 455만 5,000주, 370만 3,000주 순매도한 것으로 잠정 집계됐다.[63]

블록딜은 매수자, 매도자, 주관사 모두가 '윈윈윈' 하는 거래입니다. 매수자는 현재 주가에 비해 할인된 가격으로 대량의 지분을 확보할 수 있고, 매도자는 대규모 물량을 안정적으로 매각하여 자금을 확보

62 〈테마섹, 셀트리온 지분 9,000억 블록딜 추진〉, 머니투데이, 2018년 10월 22일.
63 〈삼성전자, 생명·화재가 지분 0.42% 블록딜 매각 … 주가 5만 원 하회〉, 한국경제, 2018년 5월 30일.

할 수 있습니다. 게다가 보통 블록딜의 거래 규모는 적게는 수백억 원에서 수천억 원대이기 때문에 중개하는 주관사도 높은 수수료를 챙길 수 있습니다. 하지만 개인투자자 입장에서 마냥 반길 만한 일은 아닙니다. 블록딜 정보를 이용한 불법 공매도와 오버행 이슈[64] 등이 존재하기 때문입니다.

　블록딜은 악재가 될 수도, 호재가 될 수도 있습니다. 하지만 많은 경우 단기적인 악재로 인식되어 블록딜 소식이 알려지면 다음 날 주가는 하락합니다. 왜일까요? 아주 간단합니다. 최대주주나 경영자는 회사의 사정을 가장 잘 알고 있겠죠? 그런 사람이 주식이 계속 상승할 것이라고 생각하는데 매각할 리는 없겠죠. 그래서 개인투자자 입장에서 블록딜 소식은 '현재 주가가 고점이라는 의미가 아닌가?' 혹은 '내부적으로 악재가 생긴 것은 아닌가?'라는 우려를 낳을 수밖에 없습니다. 지분을 매각한 대주주들은 늘 차익실현을 위해 혹은 개인적인 사유로 지분을 매각했다고 해명하곤 합니다.

　게다가 오버행 이슈도 존재합니다. 블록딜 진행 그 자체로 매도 대기 물량이 한꺼번에 출회되어 주가가 크게 하락할 수 있습니다. 그리고 무엇보다 블록딜과 연계된 불공정한 공매도 문제가 있습니다. 블록딜 정보를 악용한 불공정 공매도에 대해서는 좀 더 구체적으로 살펴보겠습니다.

64 　오버행(overhang) 이슈 : 대량 매도 대기 물량. 기관이 보유한 대량의 주식이 장내에 쏟아질 가능성을 말한다.

블록딜 매매에서 증권사의 개입은 필수입니다. 만약 매수자를 찾아야 하는 상황이라면 주관사로 선정된 증권사가 수요 예측을 하고, 입찰을 진행하는 등 매각 과정을 주관합니다. 혹은 대량의 주식을 매수할 매수자가 사전에 내정된 경우에도 주관사를 통해 지분이 전달됩니다. 이처럼 블록딜 매매를 진행하는 과정에서 주관사인 증권사는 자연스럽게 관련 정보를 얻게 됩니다. 이렇게 얻은 정보를 바탕으로 단기적인 주가 하락을 염두에 두고 관행처럼 공매도가 자행되고 있습니다. 그런데 시간외 대량매매(블록딜) 정보를 사전에 인지하고 공매도 주문을 내는 것은 불공정거래로 분류될 수 있습니다.[65]

다른 관점에서 본다면 블록딜로 인한 주가 하락이 누군가에게는 기회가 될 수도 있습니다. 기업의 성장성이나 현재 경제 상태에 이상이 없고, 정말로 대주주가 자녀 유학 비용을 대야 한다는 등 개인적인 사정으로 자금이 필요해 지분을 매각한 것일 수도 있기 때문입니다. 이런 경우 블록딜로 인한 주가의 하락은 저가 기회의 매수가 될 수 있습니다. 물론 평소 해당 기업에 관심을 갖고 분석한 투자자만이 위기인지 혹은 기회인지 분별할 수 있겠죠? 그렇기 때문에 전자공시 앱을 다운받아 관심 기업 알람을 설정해놓고, 새로운 공시 정보가 나왔을 때 수시로 확인하는 습관을 기르면 좋습니다. 한편 관심 기업의 최대주주 구성을 살펴보고 혹시 사모펀드가 지분 중 일부를 보유했다면 매입 시기 및 평균 매입 단가 등을 확인합니다. 또한 보호예수[66] 해제

---

65 김지현(한림대), 〈공매도를 이용한 불공정거래 개연성〉, 건전증시포럼, 2018년.

등으로 인한 오버행 이슈가 없는지 살펴봅시다.

올림픽, 대선 등 예정된 이벤트 활용

봄이 오면 여름이 오고, 그다음 가을이 오고 겨울이 옵니다. 매년 설날이 있고, 추석이 있습니다. 보통 봄에는 황사로 고생하고, 휴가는 더운 여름이나 시원한 가을에 많이 갑니다. 그리고 많은 나라에서 4년 혹은 5년에 한 번씩 선거가 있고 올림픽이나 월드컵은 4년에 한 번씩 열립니다. 일단 여기까지만 적겠습니다. 너무 뻔한 이야기를 왜 했을까요?

　시장에는 매년 혹은 주기적으로 발생하는 테마가 존재하고, 이런 테마에 맞추어 몇몇 종목들도 반복되는 흐름을 보여주곤 합니다. 즉 주식시장에는 특정 기업의 주가에 영향을 주는 반복되는 이슈들이 있는데 이들을 '고정 테마'라고 부릅니다.

　'대북 테마주', '미세먼지 테마주' 등에 속하는 기업의 주가는 기업의 본래 가치보다는 특정 사건이나 이슈, 자연현상 등의 영향을 더 크게 받습니다. 개인투자자들은 테마주가 변동성이 큰 만큼 더 많은 수익을 낼 수 있다고 생각합니다. 하지만 동시에 리스크도 매우 크다는 점을 반드시 염두에 두어야 합니다. 감히 말하지만 안정성과 수익성이 모두 높은 투자상품은 없습니다.

66　보호예수 : 많은 지분을 보유한 대주주가 일정 기간 동안 주식을 매도할 수 없게 강제하는 것을 말한다. 대개 6개월 혹은 1년이며, 보호예수 기간이 풀리면 매도가 가능해져 오버행 이슈가 발생할 수 있다.

계절별 이벤트
#랠리효과 #캘린더효과

겨울(12월~2월) : 크리스마스, 겨울방학, 연말 세일, 금리인상 혹은 인하, 한파,
　　　　　　　독감, 설날, 졸업, 입학, 월드컵 등

봄(3월~5월) : 개학, 공채 시즌, 기업 결산 및 감사(상장폐지), 미세먼지, 황사,
　　　　　　　스포츠, 어버이날, 어린이날, 총선 등

여름(6월~8월) : 폭염, 초복, 여름휴가, 전염병, 홍수, 가뭄, 하계올림픽, 금리인상
　　　　　　　혹은 인하 등

가을(9월~11월) : 추석, 콘서트, 관광 레저, 미국 선거, 동계올림픽 등

1년이 열두 달이라는 사실은 변하지 않습니다. 주식시장에는 특정 업종에 속한 기업의 주가가 비슷한 시기에 비슷한 움직임을 보이는 경우가 있는데 이를 '캘린더 효과' 혹은 '랠리 효과'라고 합니다. 가령 정권이나 제도가 교체될 때 기대감으로 증시가 상승하는 경우가 있는데 이를 허니문랠리라고 합니다. 국내 증시의 경우 최근 5대 대통령을 거슬러 올라가면 문재인, 박근혜, 이명박, 노무현, 김대중 정권이 출범하기 일주일 전에는 크든 작든 주가가 상승하는 모습이 보였습니다. 비슷하게 새해의 시작인 연초에 새롭게 달라진 제도 등에 대한 기대감으로 주가가 상승하는 연초랠리도 있습니다. 서머랠리, 산타랠리, 인디언랠리 등 다양한 랠리가 존재하지만 당연히 시장이 항상 그대로 움직이는 것은 아닙니다. 그러니 모든 랠리를 꼭 알아두어야 하는 것도 아닙니다. 다만 뉴스 기사에 자주 인용되는 용어이니 혹시 기사에서 접한다면 'ㅇㅇ랠리'가 의미하는 바만 간단하게 알아두어도 충분합니다.

다음으로는 예상되는 테마를 이용한 선취매에 대해 이야기해 볼게요. 대선이 다가오면 대선 테마주들이 움직이고, 황사나 미세먼지가 심해지면 관련주들이 움직입니다. 심지어 조류 인플루엔자, 메르스와 같은 바이러스가 뉴스에 등장하면 관련 백신을 만드는 기업의 주가가 급등하기도 합니다. 뉴스보다 빠르게 테마를 인지한 투자자는 어느 정도 예정된 (호재)이벤트를 이용하여 수익을 내기 위해 남들보다 미리 주식을 매입하는데, 이를 선취매라고 합니다. 선취매는 공시나 뉴스가 나오기 이전에 혹은 이벤트가 발생하기 이전에, 남들이 움직이기 이전에 미리 움직이는 것입니다. 선취매에는 '기다림'이 필수이고 불확실성과 큰 리스크도 존재하지만 더 많은 수익을 얻기 위해 이루어지는 투기성이 높은 매매 방법입니다.

이런 테마주들은 변동성이 매우 커서 초보 투자자에게 적합한 투자 방법은 아닙니다. 예상했던 공시나 이벤트가 취소되거나 예상치 못한 다른 이슈로 인해 주가가 예상대로 움직이지 않을 수도 있기 때문입니다. 선취매를 이용한 테마주 투자를 권하는 것이 절대 아닙니다. 제가 전달하고 싶은 내용은 테마주를 남들보다 좀 더 빠르게 선취매하는 투자자들이 있다는 말입니다.

그러니까 '다음 달에 선거가 있는데 지방선거 테마주를 해볼까?' 혹은 '내일모레 축구 경기가 있는데 그럼 치킨을 많이 먹으니 치킨 관련 주식을 살까?'라고 생각한다면 타이밍이 늦어도 한참 늦었습니다. 한 달 전부터 미리 사서 기다리는 잔뼈 굵은 투자자가 존재할 수 있으니까요. 그러니 "누가 그러는데 이게 뜰 거래", "이게 좋대."라는 말만 들고 주식을 매수하는 실수를 절대 범하지 않으시길 바랍니다. 한두 번은 수익을 낼 수 있어도 계속한다면 반드시 손실을 볼 테니까요.

5단계 캔들 차트 읽기(기술적 분석)

관심 기업의 수급, 차트를 분석하기 위해 일봉을 기준으로 캔들의 유형을 공부해 볼게요. 당일 장중 매수세와 매도세의 경합 결과가 일봉에 표현됩니다. 따라서 일봉의 형태(몸통과 꼬리)만 보고도 당일 하루 동안 주가의 움직임, 스토리가 어땠는지 어느 정도 추측해 볼 수 있습니다. 예를 들어 당일 매수세가 특히 강했다면 가격 상승폭이 커져 일봉은 몸통이 큰 양봉이 됩니다. 이것을 뒤집어서 생각해볼까요? 만약 일봉이 몸통이 긴 장대음봉이라면 거꾸로 당일 매도세가 강했다고 판단할 수 있습니다. 관심종목의 차트를 보며 캔들에 담긴 속사정을 함께 알아보겠습니다.

캔들의 형태는 매수세와 매도세에 따라 다양하고 망치형, 샅바형 등 부르는 명칭도 다양합니다. 하지만 여러 가지 명칭을 굳이 다 알 필요는 없습니다. 일봉의 형태가 의미하는 바를 이해하는 것이 중요합니다. 핵심이 되는 본질을 이해하면 나중에 얼마든지 더 배울 수 있습니다.

일봉은 직관적으로 이해할 수 있어야 합니다. 여기서 저만의 공부법을 공유합니다. 바로 '선 긋기' 놀이의 응용입니다. 시초가에서 종가까지 선을 그려보는 것입니다. 바로 이어서 일곱 가지 형태의 양봉과 음봉을 보면서 일봉 안에 담겨 있는 스토리를 살펴볼 것입니다. 나와 있는 예시를 참고해 주가의 흐름을 꼭 그려보세요. 반드시 직접 그려 봐야 차트를 더 빠르고 직관적으로 이해할 수 있습니다. 먼저 봉 그리는 법을 참고하여 일봉(양봉)을 그려보세요. 그러고 나서 함께 확인해 보겠습니다.

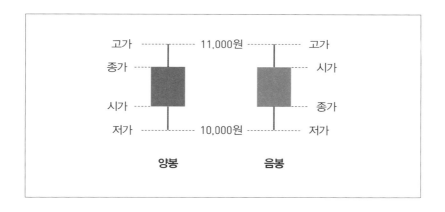

봉을 그리는 법은 다음과 같습니다.

- 시가, 고가, 저가, 종가를 모두 넣어야 합니다.
- 주가가 상승한 날은 빨간색으로 그리며 양봉, 주가가 떨어진 날은 파란색으로 그리며 음봉이라 합니다. 이때의 주가는 시가 대비 종가가 올랐느냐 떨어졌느냐에 따른 구분으로, 전일 등락과는 상관 없습니다.

다음 표를 참고해 7개의 양봉을 그리고, 장중 주가의 흐름을 자유롭게 그려보세요.

	시가	종가	저가	고가
양봉1	10,000	11,000	10,000	11,000
양봉2	10,200	10,400	10,000	10,600
양봉3	10,200	10,800	10,000	11,000
양봉4	10,400	10,600	10,200	10,600
양봉5	10,400	10,600	10,000	10,600
양봉6	10,200	10,600	10,200	10,800
양봉7	10,200	10,400	10,200	10,800

장대양봉 : 상승 추세 전환의 신호

양봉1 – 장대양봉

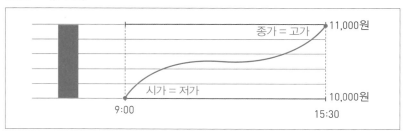

시가=저가, 종가=고가이며 몸통이 긴 양봉을 장대양봉이라 부릅니다. 당일 시가(시초가) 10,000원이 장중 최저 가격이고, 종가 11,000원이 당일 최고 가격이니 당일 매수세가 아주 강했다는 말이 되겠죠? 이처럼 종가=고가인 경우는 장중에 매수하지 못한 투자자들이 시간외로

매수하려고 몰려드는 경우가 많습니다. 그래서 시간외시장에서 주가가 오르면 다음 날 상승세가 이어지기도 하고 혹은 갭 상승으로 장이 시작하기도 합니다. 특히 주가 하락 조정 중에 거래량 상승을 동반한 장대양봉의 출현은 추세의 전환을 알려주는 좋은 신호로 해석됩니다.

한진칼 일봉차트

이동평균선이 정배열이 되고 상승 추세로 전환 당시 장대양봉이 등장하였다.

짧은 몸통 VS 긴 몸통 : 몸통의 크기는 힘의 크기

몸통의 크기는 매수세의 크기, 즉 가격 상승의 정도를 나타냅니다. 그림을 봅시다. 양봉3의 캔들이 양봉2의 캔들보다 몸통이 더 큽니다. 그러니 몸통이 큰 3번 캔들이 (상대적으로) 작은 2번 캔들보다 당일 매수세가 더 강했다고 해석할 수 있겠죠? 좀 더 자세히 봅시다. 양봉2의 시가(시초가)는 10,200원, 종가는 10,400원으로 약 1.9% 상승했습니다. 양봉3의 시가는 10,200원, 종가는 10,800원으로 약 5.8% 상승했습니다. 몸통이 큰 양봉3의 캔들이 당연히 가격도 더 많이 상승했습니다.

양봉2 - 짧은 몸통

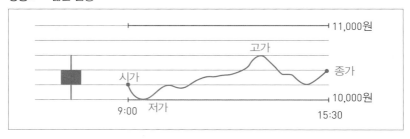

양봉3 - 긴 몸통

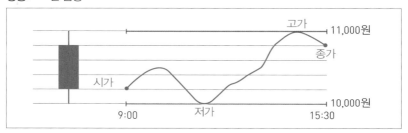

짧은 아래꼬리 VS 긴 아래꼬리 : 꼬리의 길이는 변동성의 크기

양봉의 아래꼬리가 길면 주가가 시가 대비 크게 하락했다가 이후에 상승했음을 의미합니다. 양봉4와 5는 시가와 종가가 각각 10,400원, 10,600원으로 동일합니다. 다만 양봉5의 아래꼬리 길이가 좀 더 깁니다. 양봉4는 당일 저가가 10,200원이지만, 5번 캔들은 장중에 10,000원까지 하락했기 때문입니다. 그러니 아래꼬리가 길다는 것은 장중 가격 변화가 급격하게 움직였다고 해석됩니다. 혹은 특정 가격대에서 갑자기 매수세가 출현했다고도 해석할 수 있습니다. 그래서 매수세가 생긴 해당 가격대를 단기적인 지지선으로 보기도 합니다.

양봉4 – 짧은 아래꼬리

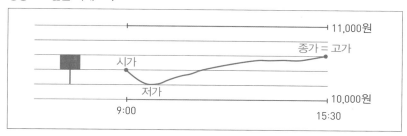

양봉5 – 긴 아래꼬리

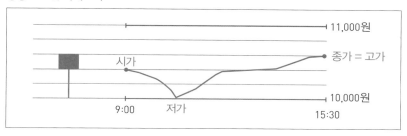

짧은 위꼬리 VS 긴 위꼬리

양봉에서 긴 위꼬리는 주가가 크게 상승했지만 고점에서 매도 물량
이 출현하여 하락한 것으로 볼 수 있습니다. 양봉6과 양봉7의 시가
와 고가는 10,200원, 10,800원으로 동일합니다. 다만 양봉7의 위꼬리가
더 길죠. 양봉6의 종가는 고점 대비 −200원(−1.85%) 하락한 10,600원
이지만, 양봉7의 종가는 동일한 고점 대비 −400원(−3.7%)원 하락한
10,400원이기 때문입니다. 그러니 위꼬리가 길다는 것 역시 장중 주가
가 급격하게 움직였다고 해석할 수 있습니다. 또한 특정 가격대에서
긴꼬리 캔들이 자주 등장한다면 해당 가격 구간을 저항선으로 볼 수

양봉6 – 짧은 위꼬리

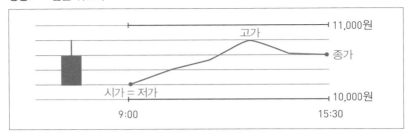

양봉7 – 긴 위꼬리

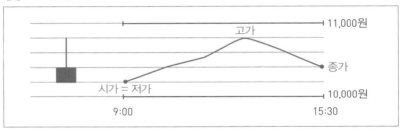

도 있습니다. 이런 경우 매물대 차트를 확인해보면 해당 가격대에서
두터운 매물벽을 확인할 수 있습니다.

이번엔 다음 표를 이용해 음봉과 장중 흐름을 그려보고 본문의 이
미지와 비교해보세요.

악성 매물이란?

주가 상승을 방해하는, 매도하려고 대기하고 있는 물량을 악성 매물이라고 합니다. 특히 급락장, 하락장 이후 쌓인 매도 대기 중인 악성 매물이 주가 상승을 방해하곤 합니다. 높은 가격에 물린 투자자들은 주가가 조금만 상승해도 본전을 찾거나 손절하기 위해 매도 물량을 쏟아내기 때문이지요. 보조지표 매물대 차트를 활용하면 어떤 가격대에 대기 매물이 있는지 확인할 수 있습니다. 특정 가격대에 매물이 몰려 있다면 주가 상승을 방해하는 요인으로 작용할 수 있습니다. 해당 가격대가 저항선으로

현대로템 매물대 차트

25,000원에서 30,000원 사이에 두터운 매물벽이 존재하여, 해당 부근에 도달하면 주가가 자꾸 하락하는 모습.

작용하기 때문에 악성 매물을 소화해야만 주가가 다시 상승 추세로 전환할 수 있습니다.

	시가	종가	저가	고가
음봉1	11,000	10,000	10,000	11,000
음봉2	10,800	10,600	10,400	11,000
음봉3	10,800	10,200	10,000	11,000
음봉4	10,800	10,600	10,400	10,800
음봉5	10,800	10,600	10,200	10,800
음봉6	10,400	10,200	10,200	10,600
음봉7	10,400	10,200	10,200	10,800

장대음봉 : 하락 추세 전환의 신호

음봉1 – 장대음봉

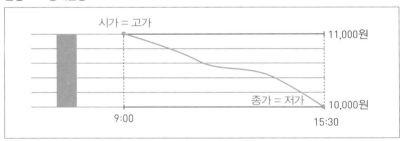

양봉을 확실히 이해했다면 음봉은 더 쉽게 이해할 수 있습니다. 장대
음봉은 장대양봉과 반대로 시가=고가, 종가=저가 몸통인 캔들입니다.
당일 시가(11,000원)가 장중 최고가이고, 종가(10,000원)가 당일 최저
가로 긴 몸통은 강한 매도세를 보여줍니다. 대개 주가에 충격을 줄 만

한 악재가 발생했을 때 장대음봉이 등장합니다. 거래량 상승을 동반한 장대음봉은 하락 추세로의 전환을 알려주는 신호로 해석됩니다. 장대음봉이 등장하면 하루 이틀 연이어 하락하는 경우가 많습니다.

짧은 몸통 VS 긴 몸통

음봉2 - 짧은 몸통

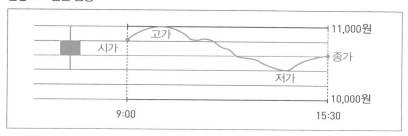

음봉3 - 긴 몸통

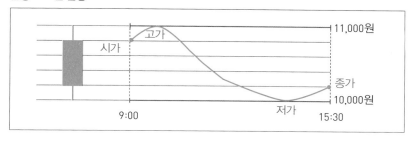

음봉에서 몸통의 크기는 매도세를 보여줍니다. 음봉2, 음봉3의 시초가는 10,800원으로 동일합니다. 음봉2는 당일 종가가 -1.85% 하락한 10,600원으로 마감하였고, 음봉3의 종가는 -5.5% 하락한 10,200원입니다. 몸통이 큰 음봉3이 매도세가 더 강하여 주가가 더 크게 하락했습

니다.

음봉4 - 짧은 아래꼬리

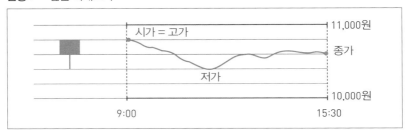

음봉5 - 긴 아래꼬리

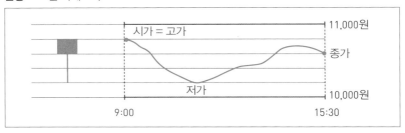

짧은 아래꼬리 VS 긴 아래꼬리

음봉에서 꼬리가 갖는 의미는 양봉에서와 동일합니다. 꼬리의 길이는 장중 변동상의 크기를 보여줍니다. 음봉에서 아래꼬리는 주가가 시초가 대비 크게 하락했다가 이후 상승했음을 의미합니다. 다만 아래꼬리가 긴 양봉과 다르게, 장 후반 매수세가 아주 강하지는 않아 시가 아래에서 종가가 결정된 것이죠. 같이 살펴볼까요? 음봉4, 음봉5의 시가와 종가는 각각 10,800원, 10,600원으로, 두 음봉 모두 당일 주가는 -1.85% 하락하였습니다. 하지만 음봉4는 당일 -3.7%(10,400원)

하락했다가 상승하여 10,600원으로 마감하고, 음봉5는 장중에 −5.5%(10,200원)까지 하락했다가 상승하여 10,600원으로 마감했습니다. 음봉에서 아래꼬리가 길다는 것은 장중 가격이 급격하게 움직였다는 것으로 볼 수 있겠죠? 긴 아래꼬리 음봉은 장 초반에 주가가 크게 하락했지만 반등한 것입니다. 긴 아래꼬리 음봉이 자주 등장한다면 해당 가격대에 도달했을 때 매수세가 나오는 것으로, 지지구간으로 해석될 수 있습니다. 그래서 단기투자자들은 지속적인 하락 추세에서 등장한 긴 아래꼬리 음봉을 단기적 반등의 신호로 해석하기도 합니다.

짧은 위꼬리 VS 긴 위꼬리

음봉6 – 짧은 위꼬리

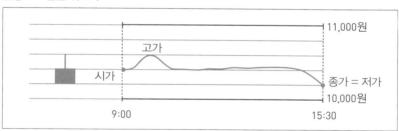

음봉7 – 긴 위꼬리

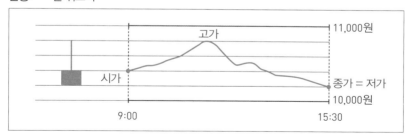

음봉의 긴 위꼬리도 주가가 크게 상승했지만 매도 물량이 출현하여 하락한 것으로 볼 수 있습니다. 양봉과의 차이는 장 후반의 매도세가 강하여 시가 밑에서 종가가 결정이 된 것입니다. 그림을 보면 음봉6과 음봉7의 시가와 종가는 동일합니다. 종가는 시가 대비 -1.85%(200원) 하락하였습니다. 하지만 위꼬리의 길이가 다르지요? 음봉7의 위꼬리가 더 깁니다. 음봉6의 고가는 10,600원, 음봉7의 고가는 10,800원이기 때문입니다. 음봉의 위꼬리가 길다는 것 역시 장 초반에 주가가 크게 상승했다가 이후 크게 하락했다는 점에서 위꼬리가 긴 양봉 캔들과 같습니다. 다만 위꼬리가 긴 음봉 캔들은 장 막판 매도세가 강하여 종가가 시가 이하로 마감한다는 점에서 다릅니다. 따라서 긴 위꼬리 음봉이 긴 위꼬리 양봉보다 매도세가 더 강함을 보여줍니다. 위꼬리가 길고 몸통이 큰 음봉은 장중 악재가 터졌거나 다른 이유로 대량의 매도 매물이 출현했을 때 등장합니다. 특히 변동성과 투기성이 큰 테마주 차트에서 자주 발견됩니다.

도지 캔들

마지막으로 시가와 종가가 같은 형태의 도지(doji) 캔들을 살펴보겠습니다. 크게 세 가지 모양으로 나누어볼 수 있습니다. 다음 표를 참고하여 먼저 캔들을 그려보고 나중에 나오는 이미지와 비교해보세요.

	시가	종가	저가	고가
도지1	10,400	10,400	10,200	10,600
도지2	10,400	10,400	10,400	10,600
도지3	10,400	10,400	10,200	10,400

당일 매수세와 매도세가 막상막하일 때 도지 캔들이 만들어집니다. 도지 캔들은 그 형태 때문에 십자형 캔들이라고도 불리며 추세 전환의 신호로 해석됩니다. 고점에서 등장한 도지 캔들은 하락 추세로의 전환, 저점에서 등장한 도지 캔들은 상승 추세로의 전환을 의미합니다.

도지1 – 십자가형

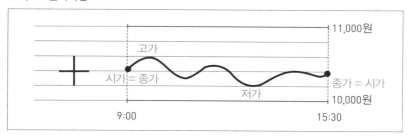

도지2 – 비석형

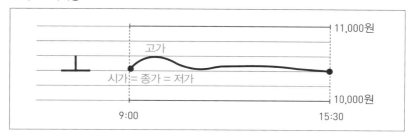

도지3 - 잠자리형

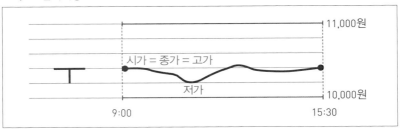

도지1 십자가형은 매수세와 매도세가 비등하게 균형을 보일 때 나옵니다. 도지2 비석형은 급등주에서 자주 보이는 형태입니다. 시초가에 주가가 크게 올랐다가 당일 강한 매도세로 하락하여 마감하면 위꼬리가 긴 비석형 캔들 형태가 됩니다. 반대로 아래꼬리가 긴 도지3 잠자리형은 크게 주가가 빠졌다가 종가에 매수세가 몰려 상승할 때 나타납니다. 의도적으로 주가를 눌러 개미 털기를 했다가 장 막판에 주가를 끌어올렸다고 추측할 수 있는 차트 형태입니다.

개미 털기와 개미 꼬시기

'개미 털기'와 '개미 꼬시기'라는 용어는 공식적인 개념은 아니지만 개인투자자들 사이에서 자주 회자되는 용어이니 간단하게 다루어 보겠습니다. 쉽게 말해 긴 아래꼬리는 개미 털기, 긴 위꼬리는 개미 꼬시기와 관련이 있습니다.

먼저 개미 털기는 쉽게 말해 개인투자자를 매도(손절)시키는 것입니다. 외인이나 기관투자자가 주식을 저가에 매집하기 위하여 일부러 주가를 하락시켜(보유한 물량을 순매도하거나 공매도를 통해) 개인투자자가 손절하게 만드는 것이죠. 개인투자자 입장에선 주가가 예상과 다르게 급락하면 당황하기 마련입니다. '혹시 내가 모르는 악재가 있나?', '무슨 일이 있으니까 이렇게 파는 거겠지?' 걱정하게 되고 더 하락할까 두려워 보유한 주식을 매도합니다. 그러면 기다렸던 외인이나 기관은 하락한 가격에 주식을 다시 매수하고 주가가 올라갑니다. 그러면 캔들은 아래로 긴 꼬리가 생긴 형태가 됩니다. 개미 털기는 당일로 끝나지 않고 소위 차트를 관리하면서 며칠 동안 진행되는 경우도 있습니다. 며칠 주가를 크게 누르고 그다음에 다시 올리는 것이죠. 이런 경우에는 긴 꼬리가 생기지 않을 수도 있습니다.

개미 꼬시기는 반대로 개인투자자가 주식을 매수하도록 만듭니다. 고점에서 물량을 넘기는 것이죠. 이 부분은 조금 자세히 이야기해 보겠습니다. 초보 개인투자자가 특히 많이 하는 실수이기 때문입니다.

예를 들어 외인이 A기업의 주식을 조용히 그리고 꾸준히 매집한다고 가정합니다. 주가는 계속 상승하여 저점 대비 20~30%가 오릅니다. 그제야 비로소 주가 상승을 찬양하는 기사와 함께 '이 주식을 사지 않으면 손해다!', '이 주식을 사지 않는다면 너는 시장의 흐름을 읽지 못하는 바보나 다름없다.'라고 느낄 만한 증권사 리포트와 뉴스가 연일 쏟아져 나옵니다. 개인투자자는 이미 과도하게 오른 주가를 보고 고민합니다. 하지만 고민하는 동안에 주가가 계속 오르는 모습을 보고 '더 늦기 전에 빨리 사자.' 하며 고점에서 주식을 매수합니다. 이렇게 개인투자자는 주가의 최고점에서 폭탄을 떠안게 됩니다. 외인은 그동안 매집했던 물량을 개인에게 넘기고 이미 시장을 떠난 뒤인데 말이죠. 외인은 보유하고 있는 물량을 공매도 쳐서 수익을 낼 수 있으니 주가는 곤두박질치기 시작합니다. 그리고 뉴스에서는 일주일 전과 전혀 다른 '주가 고점 논란', '산업 위기설'에 대한 기사가 쏟아집니다. 앞에서 다룬 셀트리온의 사례나 메릴린치의 초단타 매매 논란을 개미 꼬시기와 연결지어 생각해볼 수 있습니다.

이런 식으로 기관이나 외인이 개미 꼬시기를 했을 경우 긴 위꼬리 모양의 캔들이 자주 등장합니다. 과도하게 오른 주가의 고점에서 매도 물량이 대량으로 출현했기 때문입니다. 이렇게 개인투자자들은 폭탄 돌리기 게임에서 마지막 폭탄을 안게 되는 것입니다.

물론 캔들의 꼬리만 보고 개미 털기나 개미 꼬시기라고 생각하는 것은 옳지 않습니다. 악재가 발생하여 주가가 하락하는 것을 차트 꼬리만 보고 무조건 개미 털기라고 생각해도 곤란하죠. 계속 말씀드리지만 주식시장에 정형화된 공식은 없습니다. 다만 분명한 매수 근거를 갖고, 적정 가격에 주식을 매수할 수 있도록 끊임없이 공부하고 단련해야 현명한 투자를 할 수 있습니다. 분명한 이유를 갖고 투자했다면, 단기적인 주가의 흐름에 흔들리지 않고 인내하며 기다릴 수 있습니다. 그런 투자자만이 시세차익의 기쁨을 누릴 것입니다.

6단계 나만의 투자 방법 정하기

여기까지 오느라 고생 많으셨습니다. 마지막 질문 하나만 남았습니다. 본격적으로 투자하기 전에 본인의 위험 감내력 및 투자 성향을 파악해야 합니다. 위험 감내력은 사람에 따라 다릅니다. 주식을 매수하고 불안한 마음에 계속 MTS 화면을 들여다보는 사람이 있는가 하면, 본인이 주식을 샀다는 사실조차 잊고 지내는 사람도 있습니다. 내가 산 주식이 3%만 떨어져도 불안하여 잠을 설치는 사람이 있고, –10%가 되어도 기다리며 인내할 수 있는 사람도 있습니다. 서로 다른 위험 감내력에 따라 잘 맞는 투자 방법이 다를 수 있습니다. 그러니 위험 감내력, 본인의 투자 성향을 이해하는 일은 아주 중요합니다. 주식투자와 본인의 성향이 맞지 않는다면 직접 주식투자 하는 것을 포기해야 할 수도 있습니다.

위험 감내력을 어떻게 알아볼까요? 제가 추천하는 방법은 매매일지와 매매일기 쓰기입니다. 예를 들어 우리가 이제껏 다뤄온 1~5단계까지 완료하고 관심종목 한 가지를 선택한 뒤 1주를 매수합니다. 그리고 일주일 혹은 한 달 기간을 두고 본인의 마음 변화를 간단히 일기처럼 적어봅니다. 일반적으로 1주를 샀는데 크게 오르면 '더 살걸.' 하는 아쉬운 마음이 들 것이고, 크게 하락하면 '많이 사지 않아서 다행이다.'라는 마음이 들 것입니다. 매일 변화하는 주가 속에서 내 마음의 변화를 글로 적어봄으로써 본인의 위험 감내력을 유추하는 것입니다.

본인의 위험 감내력을 조금은 알겠다는 생각이 든다면 이후 6개월 동안 100만 원의 절반인 50만 원만 갖고 투자해볼 것을 추천합니다. 계좌에 여분의 현금이 남아 있어야 초보자로서 불안한 마음이 줄어들기 때문입니다. 그리고 매매를 할 때마다 노트나 엑셀 파일에 매매일지를 기입하는 습관을 들여야 합니다. 본인의 매매 내역, 판단 근거와 간단한 심리 상태의 변화를 일기로 쓰는 것도 도움이 됩니다. 매일 변하는 시장의 등락 속에서 우리의 투자 판단이 흔들리는 경험을 하게 되기 때문입니다. 모든 초보 투자자는 반드시 본인이 내린 판단에 대해 후회를 합니다. 그러니 시장 상황과 주가에 대한 본인의 판단과 감정을 글로 적어둔다면 이후에 내가 어떤 감정을 가졌고, 어떤 판단을 내렸는지, 합리적 결정이었는지 혹은 아닌지 돌이켜 볼 수 있습니다.

벤저민 그레이엄은 주식시장이 조울증을 앓고 있다고 말하며 '미스터 마켓(Mr. Market)'이라고 불렀습니다. 미스터 마켓은 변덕이 심해, 알 수 없는 이유로 크게 오르고 크게 내리기 때문입니다. 내가 산 주식도 기업의 실적이나 재정 상황에 관계없이 요동칠 수 있습니다.

당신은 어떤 투자자가 될 것인가요? 단거리 달리기 선수와 장거리 달리기 선수는 훈련 방법과 경기 전략이 다릅니다. 주식투자도 마찬가지입니다. 기술적 분석을 근거로 주식을 매매하는 단기투자자와 기업의 가치를 분석하여 기업에 투자하는 중장기 가치투자자의 투자 방법과 전략은 다를 수밖에 없습니다. 단거리와 장거리 중 어떤 달리기 선수가 될지는 선수의 기량과 특성에 따라 달라집니다. 투자 역시 투자자의 성향에 따라 달라집니다. 그런데 본인의 투자 성향을 파악하고 적합한 투자 원칙을 세우는 일은 아마 이 책을 읽는 데 들인 것보다 더 많은 시간이 필요할 것입니다. 이제부터가 진짜 시작입니다.

기술적 투자(차트매매, 단타) VS 기본적 투자(가치투자, 중장기투자)

저는 주식을 시작하기 전에 주식매매 방법에 대해 고민하며 서점을 찾았습니다. 서점의 주식 관련 도서 코너에는 차트 분석에 관한 책이 수십 권 비치되어 있었습니다. 자연스레 '아, 주식투자를 하기 위해서는 반드시 차트를 분석해야 하는구나.' 생각했습니다. 하지만 너무나도 다양한 차트매매법이 존재해서 '어떤 방법이 가장 확실한 방법이지?', '아니, 그 전에 이렇게 해도 되는 걸까?' 고민이 생겼습니다. 게다가 '과거의 데이터가 미래를 보여주는 지표가 될 수 있을까?' 하는 의문도 들었습니다.

반대 입장에서 주장하는 전문가도 있었습니다. 차트 분석은 무의미하다는 주장입니다. 결국엔 기업의 가치가 가장 중요하니 실적이 좋으면 결국 주가는 시간이 걸리더라도 우상향한다는 의견입니다. 맞는 말이라는 생각이 들었지만 박스권[67] 안에 머물러 있는 코스피 지수를 보면 확신이 생기지 않았습니다. 삼성전자의 경우 10년 전에 비해 주가가 크게 올랐지만, 어릴 적부터 '디스플레이는 LG'라고 들어왔는데 정작 LG디스플레이의 주가는 최근 10년째 박스권에서 움직이고 있으니까요.

단기매매와 중장기투자 중 어떤 방법이 정답일까요? 정답은 '투자

---

67   박스권(box pattern) : 주가가 일정한 가격 안에서만 오르내리는 현상.

자 자신의 성향에 따라 다르다'입니다. 시장에는 단기매매로 수익을 내고 있는 투자자, 중장기투자로 수익을 내고 있는 투자자 모두가 존재하기 때문입니다. 그러니 아직도 많은 투자자들이 설전을 벌이고 있지요. 당신은 어떤 성향의 투자자인가요? 막연하게 '장기투자, 가치투자만 옳다.'라고 생각하는 초보 투자자도 있을 수 있습니다. 하지만 '지금 산 주식은 10년 동안 팔지 않을 거야.'라는 마음으로 주식투자를 시작하는 사람은 거의 없습니다. 그래서 주식투자 실습 기간을 갖자고 제안하는 것입니다. 워런 버핏의 스승인 벤저민 그레이엄은 투기적 거래가 하고 싶다면 투기성 계좌를 별도로 개설하여 소액으로 해보라는 조언을 하였습니다.[68] 단, 혹시 시장이 상승하고 수익이 늘어도 절대 추가로 자금을 늘리지 말아야 한다고 경고하면서 말이죠.

만약 당신의 위험 감내력을 파악했다면, 이제 나머지 1년 동안은 여러 가지 투자 방법으로 투자를 해보세요. 차트매매든 테마주매매든 가치투자든 뭐든 말이죠. 그렇게 시장을 몸소 체험하며 본인에게 맞는 투자 방법과 투자 원칙을 세워보세요.

본인의 투자 성향을 파악하고 맞는 투자 방법을 찾기까지 2년, 3년 혹은 그 이상이 걸릴지도 모릅니다. 아마 장거리 달리기가 되겠지요. 마지막으로 아마존의 창업자 제프 베조스와 워런 버핏이 나눈 대화를 통해 부자 되는 방법을 들어볼까요?

---

68 벤저민 그레이엄 · 제이슨 츠바이크, 《벤저민 그레이엄의 현명한 투자자》, 국일증권경제연구소, 2016년.

한 모임에서 베조스는 버핏에게 이런 질문을 합니다. "버핏, 당신의 투자 이론은 아주 간단한데, 왜 모두가 당신처럼 부자가 되지 못하는 걸까요?" 베조스의 질문에 버핏은 이렇게 답했습니다. "누구도 천천히 부자가 되는 것을 원하지 않기 때문입니다."

직장인이라면 중장기 가치투자 추천

우리는 앞서 캔들, 지지선, 저항선, 이평선, 거래량 등 차트와 관련된 기본적인 내용들에 대해 살펴보았습니다. 더불어 불법 자전거래를 이용한 거래량 부풀리기, 블록딜 이벤트를 악용한 공매도와 같이 주식시장에서 발생할 수 있는 위험 요소들에 대해서도 함께 보았습니다. 어떤 마음이 들었나요? 주식시장에 대해 알면 알수록 치열한 전쟁터 같다는 생각이 들지 않나요? 저 역시 한때는 두려운 마음에 '주식투자를 그만두어야 하나?'라는 생각까지 했습니다. 그럼에도 주식투자를 계속하기로 결정했는데, 그 이유가 무엇일까요? 다음 질문에 대한 답을 찾았기 때문입니다.

주식시장에서 속일 수 없는 것은 무엇일까요? 단기적으로 주가도 속일 수 있고, 이동평균선이나 거래량도 속일 수 있습니다. 시장 내에 존재하는 수많은 변수들과 위험 요소 중에서 무엇을 믿고 투자해야 할까요? 고민을 하다 보니 자연스럽게 기술적인 단타매매에서 기업의 가치를 분석하고 투자하는 중장기 가치투자로 방향이 옮겨갔습니다. 단기적으로 주가 등락은 예측하기 어려우나, 장기적으로 기업의 가치는 내재가치 및 실적을 반영하는 가격으로 수렴하리라 생각했기 때문입니다. 재빠르게 주가 변동에 대처할 수 없는 직장인이라면 더더욱 중장기 가치투자를 추천합니다.

동일한 자본금으로 5억 원을 버는 회사와 100억 원을 버는 회사의 가치는 분명히 다릅니다. 혹은 어떤 회사의 영업이익이 5억 원에서 100억 원으로 증가한다면 반드시 그 회사의 주가는 상승합니다. 기업의 가치가 외부적인 요인에 의해 내재가치 이하로 떨어졌다면 이는 시간이 지나면 원래의 가치로 회귀합니다. 결국 단순하게 생각한 결과 회사의 내재가치와 실적을 반영한 기업의 가치에 집중하는 것이 유일한 해답이 된다는 결론을 내렸습니다. 다시 본질로 돌아가면 '주가'라는 것은 결국 기업의 가격이고, 주식은 기업의 소유권이기 때문입니다.

여러분은 어떤 투자를 하고 싶은가요? 계속해서 고민하며 투자해 보시길 권합니다.

종목 선정이 어렵다면 펀드에 투자하자

1년 동안 100만 원으로 투자를 해보았는데, 도무지 주식투자와 궁합이 맞지 않는다고 생각된다면 간접투자인 펀드에 투자할 수 있습니다. 자산운용사에서 나온 액티브펀드 중 선택을 할 수도 있고, 좋은 펀드를 고르기 어렵다면 인덱스펀드에 투자할 수도 있습니다. 워런 버핏은 인덱스 투자를 "아무것도 안 하면서 돈 버는 방법"이라고 말했으며, 아내에게 전하는 유언장에 "현금의 10%를 단기 미국 국채, 90%를 S&P500 인덱스펀드에 투자하라."라고 썼습니다.[69] 물론 국내 주식시장과 미국의 주식시장은 그 규모와 안정성이 다릅니다. 하지만 여전히 시장지수 상승이나 하락에 투자하고 싶다면 인덱스펀드를 고려할 수 있습니다. 국내에서 대표적인 인덱스펀드는 KODEX레버리지, KODEX200, KODEX인버스입니다. 상장지수펀드를 고를 때 주의해야할 사항은 거래량이 너무 적은 상품을 피하고, 운용사 수수료를 반드시 살펴보아야 한다는 점입니다.

열심히 공부하며 1년 동안 100만 원으로 투자 실습 기간을 갖는다면 혹시 주식투자 자체를 포기하게 되더라도 금융 상품을 고를 때 큰 도움이 됩니다. 우리가 시장과 투자에 대해 알고 있는 만큼, 펀드상품의 장점만 말하는 영업사원에게 이끌려 투자할 일이 줄어들기 때문입니다. 그런데 거시적인 관점에서 주식시장을 판단하기 위해서는 금리, 환율 등에 대한 이해가 필요합니다. 그래서 마지막 장에서는 아무리 주식 초보라도 꼭 알아야 할 기본적인 경제 상식에 대해 살펴보겠습니다.

69 로렌스 커닝햄, 《버크셔 해서웨이》, 이레미디어, 2016년.

뉴스로
주식 읽기

마지막으로 간단하게 금리, 환율, 유가 등 주요 지표와 증시와의 관계에
대해 이야기해 보겠습니다. 여기서 다룰 내용들은 주식투자를 하기 위해
최소한으로 알아야 할 기본적인 내용이고, 어렵지 않으니 크게 걱정하지
마세요. 주식투자를 할 때 뉴스에서 무엇을 유심히 봐야 하는지, 세계 경
제와 내가 산 주식은 무슨 관련이 있는지 알아봅니다.

우선 경제신문을 읽어라

주식투자 하는 데 가장 큰 도움이 되는 경험을 꼽으라면 저는 주저 없이 "경제신문을 10년 동안 읽은 것"이라고 말합니다. 혹자는 제가 경제학을 전공했기 때문에 주식투자에 입문하는 데 큰 어려움이 없었을 것이라고 생각합니다. 그런 논리라면 경제학 박사가 주식투자를 가장 잘하겠지만 그렇지 않습니다. 가령 롱텀캐피탈인베스트먼트(LTCM)는 노벨 경제학상을 수상한 시카고대 경제학 교수 마이런 숄즈와 하버드대 경제학 교수 로버트 머튼 등이 파트너로 참여한 헤지펀드였지만 결국 파산했습니다.[70]

저는 대학교 1학년 때 교수님의 권유로 경제신문, 경제잡지를 읽기 시작해서 10년이 지난 지금까지 꾸준히 읽고 있습니다. 당시에는 주식을 전혀 몰랐고 단지 경제신문과 잡지에서 멋진 기업, 기업가를 만나는 것이 즐거웠기 때문에 어려운 용어가 많았지만 공부해가며 읽었습

---

70 벤저민 그레이엄 · 데이비드 도드, 《벤저민 그레이엄의 증권분석》, 리딩리더, 2012년.

니다.

여전히 증권사 리포트, 연구소 자료, 뉴스 기사, 책, 잡지 등을 가리지 않고 시간이 날 때마다 무엇이든 읽으려고 노력합니다. "Connecting the Dots."가 주식투자에도 적용될 수 있다고 보기 때문입니다. 스티브 잡스가 언급했던 "Connecting the Dots."는 인생에 의미 없는 경험이나 우연은 없다는 뜻입니다. 투자의 관점에서 본다면, 관련 없어 보이는 작은 점들과 같은 지식들이 연결되어 투자 판단에 도움이 되는 아이디어가 된다는 말입니다.

린지가 알려주는 신문 읽기 팁

경제신문을 읽어야 한다고 말씀드리면 신문을 어떻게 읽어야 하는지 물어보시는 분들이 많아서 제가 종이 신문을 읽었던 팁을 전달합니다. 인터넷 신문의 경우 종이 신문과 다르게 클릭을 유도하는 기사들이 메인에 배치되어 있습니다. 따라서 처음에는 가능하다면 종이 신문을 구독해서 읽어보는 편이 좋습니다.

1. 신문을 전부 한번 스캔하듯 눈으로 훑어봅니다. 이때 큰 제목들 위주로 살펴보며 관심 가는 기사나 나중에 읽고 싶은 기사들을 추려봅니다.
2. 훑어보기가 끝나면 관심 있었던 기사들 위주로 읽습니다. 만약 부담이 된다면 관심 있는 기사를 5개만 꼽아서 읽어봅니다.
3. 기사를 읽다가 모르는 단어가 나오면 따로 정리합니다. 노트를 준비해 적어도 좋고 개인 블로그를 만들어 개념들을 저장해두어도 좋습니다. 그래

야 나중에 기억이 나지 않거나 다시 확인하고 싶을 때 활용할 수 있습니다. 블로그나 SNS를 활용한다면 절대 '복사 + 붙여넣기' 하면 안 됩니다. 자신만의 언어로 정리하는 것이 무엇보다 중요합니다. 맨 처음에 확실히 이해하고 넘어가야만 도움이 되기 때문입니다.

4. 한두 개 기사를 선택하여 간단하게 생각을 적어둡니다. 이때 스크랩을 따로 해봐도 좋습니다.

저는 과거 페이스북이 10억 달러를 주고 인스타그램을 인수했을 때 기사를 스크랩해 놓았습니다. 당시 인스타그램의 기업가치는 5억 달러로 평가받고 있었는데 페이스북이 시중 대비 2배 가격으로 인수한 것입니다. 지금이야 인스타그램이 거의 모든 젊은이가 사용하는 SNS이지만, 2012년에는 아니었습니다.[71]

당시 기사를 스크랩한 뒤 제 생각을 적어두었고, 덕분에 인스타그램의 성장을 관심 있게 지켜보았습니다. 그리고 시대의 흐름에 따라 소셜미디어 산업이 변하는 동향을 살펴볼 수 있었습니다. 2019년 기준 인스타그램의 기업가치는 1,000억이 넘게 추정되고 있습니다. 7년 사이에 100배가 되었습니다. 이렇게 세월의 흐름 속에서 기업을 관찰하는 것만으로도 주식투자를 하는 데 큰 도움이 된다고 생각합니다.

처음에 경제신문을 읽으면 낯선 용어들이 어렵게 느껴져 흥미를 잃곤 합니다. 이는 너무나 당연합니다. 처음에는 다 그렇습니다. 저도 처음에 신문을 읽었을 때 3시간이 넘게 걸렸습니다. 그러니 너무 상심 말고 꾸준히 읽어볼 것을 추천합니다. 아마 5개 기사만 골라 읽어도 1시간은 족히 걸릴 것입니다.

---

71 〈페이스북, 10억 달러에 인스타그램 인수〉, 블로터, 2012년 4월 10일.

경제신문을 읽기 위한 최소한의 상식

전 세계 금융시장에는 다양한 투자처가 존재합니다. 달러화나 엔화와 같은 화폐에 투자할 수 있고, 콩이나 옥수수 등 농산물 혹은 국채나 금에 투자할 수도 있습니다. 별의별 투자 상품이 존재해서, 심지어는 시장의 공포 심리(가령 VIX지수 파생상품)에 투자할 수도 있습니다. 게다가 미국이나 일본 등 해외 증시에 상장되어 있는 기업에 투자할 수도 있습니다. 그러니까 국내 주식투자는 전 세계 수많은 투자처 중 하나입니다.

국내 기업에만 투자할 계획이라도 전 세계 금융시장이라는 거시적인 관점에서 주식시장을 볼 수 있어야 합니다. 투자금은 시장 상황에 맞추어 빠르게 움직입니다. 국내에 투자되었던 수십억이 단 몇 분, 아니 몇 초 만에 회수되어 다른 투자처로 옮겨가는 것은 너무나도 흔한 일입니다. 주식시장'만'이 아니라 채권, 달러 등 다른 지표와 증시와의 기본적인 관계를 알고 투자해야 합니다. 그러면 갑자기 증시가 급등하거나 급락할 때 당황하지 않고 현명하게 대처할 수 있습니다.

그렇다고 '금리가 오르면 증시는 하락하고, 금리가 내리면 증시는 상승한다.'와 같이 늘 공식이 존재하지는 않습니다. 실물경제에는 훨씬 더 복잡하고 유기적인 요인들이 존재하기 때문입니다. 그러니 각각의 주요 지표와 증시의 관계성에 주목하여 이해하는 데 초점을 맞추며 읽어보시기를 바랍니다.

성공한 투자자들의 투자 방법은 흥미롭게도 모두 다릅니다. 그런데 한 가지 확실한 공통점은 본인이 가장 잘 아는 데 투자해야 한다는 점입니다. '아는 것이 힘'이 될 수 있는데, 알기 위해서는 많이 읽어야 합니다. 경제신문, 경제잡지, 리포트를 읽는 일은 가장 저렴하게 정보를 획득할 수 있는 방법입니다. 주식 '투기'가 아닌 '투자'를 하고 싶다면 알고 하는 투자를 해야 하고, 알고 하는 투자를 하기 위해서는 꾸준한 신문 읽기가 필수입니다.

1. 기준금리가 오르면 국내 증시는 하락한다

음식 가격은 식당 사장님이 정하고, 과자 가격은 과자 회사가 정합니다. 그렇다면 금리는 누가 정할까요? 우리나라의 경우 중앙은행인 한국은행의 금융통화위원회에서 시중은행이 대출, 예적금 금리를 정할 때 기준이 되는 기준금리를 정합니다. 최근 기준금리 추이를 살펴볼까요?

한국은행은 2018년 말 기준금리를 연 1.5%에서 연 1.75%로 인상하였습니다. 그리고 8개월 만에 다시 연 1.5%로 0.25%포인트 인하하였습니다. 시중은행은 기준금리에 맞추어 예·적금 및 대출상품의 금리를 인상하고, 인하합니다.

만약 금리가 오르면 주식시장에 어떤 영향을 미칠까요? 아주 단순하게 생각해서 금리가 오르면 주식시장에 투자되었던 자금은 회수되어 은행으로 들어가 증시에 부정적인 영향을 줄 수 있습니다. 왜냐하면 대출을 받아 사업을 확장하려는 기업은 적어질 것이고, 대출을 받아 집을 사려던 사람들도 줄어들 것이기 때문입니다. 오히려 높은 금리 혜택을 누리기 위해 예금이나 적금을 들려는 사람이 늘어나겠지요. 아무래도 위험한 주식에 투자하기보다는 은행에 저금하여 안정적으로 수익을 얻으려는 사람들이 늘어납니다. 그러니까 금리인상은 단기적으로 주식시장에 부정적인 시그널로 해석됩니다. 게다가 기준금리가 인상되면 회사에서 발행한 회사채 등 채권 금리도 함께 증가합니다. 기업 입장에서는 이자 비용이 증가하는 셈입니다. 장부상의 부채가 증가하여 기업의 실적에도 영향을 주고, 결국 주가에도 영향을 줄수 있죠. 한편, 자금을 조달하는 비용이 증가하니 신규 투자를 미루거나 유보하는 등 투자가 위축될 수도 있겠지요.

금리와 주식의 상관관계에 대해 이해하셨나요? 이렇게 공식처럼 쉽게 경제가 움직인다면 얼마나 좋을까요. 하지만 실물경제가 항상 경

한국은행 기준금리 추이

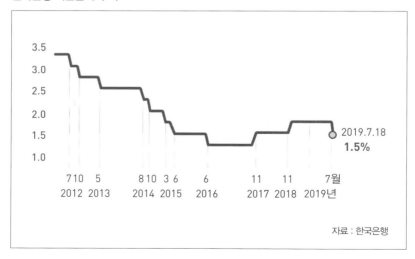

자료 : 한국은행

제 이론처럼 움직이는 것은 아닙니다. 금리 이외에도 다양한 사회 구성 요소들이 존재하고, 그것들이 유기적으로 작용하며 경제와 주식시장 전체에 영향을 주고 있습니다. 게다가 시장에는 항상 예기치 못한 변수가 존재합니다. 가령 미국의 45대 대통령 트럼프의 트위터 한 줄은 전 세계 주식시장에 영향을 줍니다. 중국이나 북한에 대해 적대적인 트윗이 올라오면 그다음 날 국내 주식시장이 고전을 면치 못하는 일이 자주 일어납니다. 그러니 '금리가 오르면 주식은 내린다.'라고 무조건 외우기보다 시장의 메커니즘 이해가 더 중요합니다. 앞으로 우리가 살펴볼 원 달러 환율, 유가도 마찬가지입니다. 시장의 원리를 이해하는 데 초점을 맞추시기 바랍니다.

2. 미국 기준금리가 오르면 국내 증시는 하락한다

미국 중앙은행인 연방준비제도(Fed)가 26일(현지시간) 예상대로 올해 세 번째 금리인상을 단행했다. (중략) Fed는 이날 이틀간의 연방공개시장위원회(FOMC) 회의를 거쳐 위원들의 만장일치로 기준금리 인상을 결정했다고 발표했다.[72]

미국이 금리를 인상했다는 뉴스를 한 번은 들어보셨을 겁니다. 주식 투자를 시작하면 특히 미국의 정치, 경제 뉴스에 관심을 갖는 편이 좋습니다. 국내 뉴스도 잘 안 보는데 미국 뉴스까지 어떻게 챙겨볼지 부담스러운가요? 그래도 미국 연준의 통화정책 방향에는 반드시 관심을

---

72 〈미 Fed, 예상된 금리인상 … "2021년부터 성장률 떨어진다"〉, 중앙일보, 2018년 9월 27일.

금리가 뭐예요?

은행에서 1,000만 원을 빌린다고 가정해볼게요. 우리가 빌린 돈은 1,000만 원이니까 나중에 1,000만 원만 갚으면 되는 걸까요? 아니죠. 우리는 돈을 빌린 대가로 은행에 매달 정해진 이자를 내야 합니다. 차를 빌릴 때 렌트비를 내는 것처럼 말이지요. 이때 지불하는 이자가 원금에서 차지하는 비율이 바로 금리입니다. 그러니까 돈을 빌린 대가로 지불하는 돈의 가격이 금리입니다.

반대로 은행에서 정기 예금이나 적금에 가입한다고 생각해봅시다. 은행에 매달 정해진 금액을 적립하고 만기가 되면 원금에 이자까지 쳐서 돈을 돌려받을 수 있습니다. 은행은 서민을 위한 곳이니까 좋은 마음에서 이자를 주는 걸까요? 아닙니다. 정기 예적금 가입은 거꾸로 고객이 은행에게 돈을 빌려주는 것과 같습니다. 고객은 은행에 일정 기간 돈을 빌려주고 그 대가로 금리를 받는 것입니다. 은행은 이렇게 고객이 예치한 돈을 자금 삼아 기업이나 개인에게 대출을 할 수 있습니다.

혹시 눈치채셨나요? 대출 금리는 예적금 금리보다 훨씬 높지요! 그래서 은행은 예금과 대출의 금리 차이, 즉 예대마진을 이용하여 수익을 냅니다.

가져야 합니다. 국내 증시에 큰 영향을 끼치기 때문입니다. 같이 한번 살펴봅시다.

미국이 금리를 인상하면 왜 국내 주식시장에 영향을 줄까요? 한국과 미국의 금리 역전 현상은 주식시장에 어떤 영향을 주는 걸까요? 아주 간단하게 생각해볼 수 있습니다. 만약 고객이 투자를 하려는데 A은행의 상품은 연 금리 3%이고, B은행은 연 금리 5%라면, 고객은 당연히 B은행을 선택하겠지요? 돈은 높은 이자율을 따라가기 때문입니다. 그러니 국내 금융시장의 외국인 및 국내 투자자들의 자금이 미국과 같이 금리가 더 높은 해외로 빠져나갈 우려가 생기는 것입니다.

　실제로 2018년 미국은 네 차례 금리를 인상하였고, 당해 국내 유가증권시장에서 240조 원이 넘는 시총이 증발되었습니다. 특히 2018년 10월 한 달 동안 코스피 지수는 13%, 코스닥 지수는 19%가 넘게 하락하여 최악의 10월로 불립니다. 물론 그 원인이 오로지 미국의 금리인상만은 아닙니다. 실물경제는 훨씬 더 복잡하니까요. 다만 전문가들은 미국의 금리인상에 따른 한미 간 금리 역전이 국내 증시에 부정적인 영향을 줄 것을 어느 정도 예상하고 있었습니다. 국제 정세와 시장에 관심을 둔 개인투자자 역시 손실을 줄일 여지가 충분히 있었습니다.

　2018년 연준의 금리인상 횟수와 속도, 미국의 경제성장률 둔화, 미

한·미 기준금리

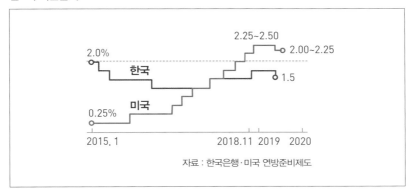

자료 : 한국은행·미국 연방준비제도

·중 무역 이슈 등은 어느 날 갑자기 나온 이야기가 아닙니다. 시장에서 지속적으로 회자되고 의논되던 이슈입니다. 제 경우에도 2018년 하반기에 부정적인 이슈가 가득한 것을 감안하여 3분기 즈음 대부분의 투자금을 회수하였고, 그 결과 10월의 대폭락장을 피해갈 수 있었습니다. 정말 운이 좋았다고 생각합니다. 이는 미국의 금리인상, 달러화의 방향, 미·중 무역 이슈 등 국제 이슈에 관심을 가졌기 때문입니다.

미국의 연방준비위원회
#금리인상 #달러발행

1. 연방준비제도

미국은 50개의 주로 구성된 연방 국가로, 연방준비제도(Fed: Federal Reserve System)라는 독특한 중앙은행 제도를 채택하고 있습니다. 미국 내에는 각 지역을 대표하는 12개의 연방준비은행(Federal Reserve Banks)이 존재하는데, 지역 내 상업은행을 감독하는 역할을 합니다. 이런 12개의 연방준비은행을 총괄하며 지급준비율을 결정하는 등 중앙은행과 같은 역할을 담당하는 곳이 바로 연방준비제도 이사회(FRB: Federal Reserve Board of Governors)입니다. 미국 워싱턴 D.C. 에클스 빌딩이 이사회 건물인데, 이곳에서 금리를 결정하는 연방공개시장위원회(FOMC: Federal Open Market Committee) 회의가

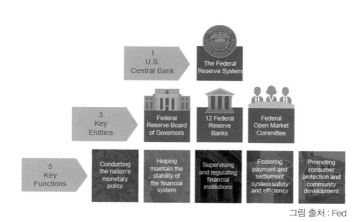

그림 출처 : Fed

연방준비제도의 구조

열립니다. FRB의 의장이 FOMC 의장을 겸임하고, 뉴욕 연방준비은행 총재가 FOMC 부의장을 맡습니다.

FOMC는 FRB 이사 7명과 지역 연방준비은행 총재 5명이 모여 총 12명으로 구성된 위원회입니다. 1년에 여덟 번 정기회의와 수시회의를 개최하여 12명이 다수결로 금리를 결정하지요. 그러니까 FOMC는 우리나라로 치면 한국은행의 금융통화위원회와 비슷한 역할을 합니다. 다만 FOMC의 결정은 전 세계 금융시장에 영향을 준다는 점에서 다릅니다.

FOMC 회의 내용은 한 달 뒤에 회의록을 통해 공개되는데, 특정 단어 하나를 두고도 수많은 분석들이 쏟아져 나옵니다. 특히 3, 6, 9, 12월 분기별 회의 후에는 경제 전망 발표와 함께 FRB 의장의 기자회견이 진행되는데, 이때의 인터뷰 내용은 세계 금융시장에 영향을 줍니다. 그래서 전 세계 투자자와 분석가들은 연준 의장 및 위원들의 경제·정치 성향과 발언에 대해 분석하며 증시의 방향을 예측하곤 합니다.

결론입니다. 12명의 미국인이 내린 결정이 전 세계 금융시장에 무엇보다 큰 영향을 줍니다. 그러니까 주식투자를 할 예정이라면 꼭 연준 의장의 인터뷰나 연준의 통화정책 등에 크게 관심을 가져야 합니다. FOMC 회의 일정과 회의록 내용은 Fed 공식 홈페이지(https://www.federalreserve.gov)에서 확인할 수 있습니다.

2. FRB가 민간기관이라고?

한 가지 재미있는 사실은 연준(연방준비위원회)이 미국 국가기관이 아닌 민간기관이라는 점입니다. 그러니까 음모론자의 관점으로 말하자면 돈 많은 부자들이 소유한 민간기구(FRB)가 국가의 기준금리를 결정하고, 화폐를 찍어낸다는 것이죠. 믿기 어렵지만 사실입니다. 연준은 독립된 기구로 미국 내 은행의 지급준비율을 결정하고, 기축통화인 달러를 발행할 수 있는 권한을 가졌으며, 미국의 기준금리를 결정하는 등 전 세계 경제에 강력한 영향력을 끼칩니다. 심지어 대통령도 연준의 결정에 개입하거나 번복할 수 없습니다.

3. 매파와 비둘기파

미국은 주로 공화당 의원을 매파, 민주당 의원을 비둘기파로 분류합니다. 하지만 정치적 성향을 제외하고 경제적 성향으로 한정 지어 이야기를 하겠습니다. 매파는 과열된 시장을 억제하고 물가를 목표하는 수준까지 안정시키기 위해 금리를 급진적으로 인상하자는 파입니다. 반면 비둘기파는 급격한 금리인상이 물가를 하락시킬 수는 있지만 경기 위축을 유발할 수 있기 때문에 완만하게 해야 한다고 주장하는 쪽입니다. 따라서 전 세계의 많은 투자자들은 금리인상과 관련하여 미국 연준의 의장을 포함한 12명 FOMC 위원의 성향이 매파인지 혹은 비둘기파인지 분석합니다.

3. 미국 채권 금리가 오르면 국내 증시는 하락한다

전 세계 채권시장의 기준 역할을 하는 미국의 10년 만기 국채 금리가 23일(현지시간) 장중 한때 3%를 넘어섰다. 4년 3개월 만에 최고 수준이다. 지난 2월 미 국채 금리 급등 이후 일주일 새 코스피 지수가 200포인트 넘게 빠졌던 것처럼 국내 증시에 또다시 먹구름을 드리울 수 있다는 우려가 나온다.[73]

국내 주식투자를 하면 미국 국채 금리(수익률)와 관련된 뉴스를 자주 접하게 됩니다. 미국 국채 금리 상승과 국내 증시는 어떤 상관관계가 있는지 살펴봅시다.

먼저 채권이 무엇일까요? 채권은 債(빛 채) 券(문서 권), 즉 빚 문서입니다. 쉽게 말해서 돈을 빌릴 때 작성하는 일종의 차용증서인 셈입니다. 그래서 채권에는 빌린 돈이 얼마이고, 이자는 얼마에 나누어 지급할지, 연 금리가 몇 퍼센트인지 등의 내용들이 담겨 있습니다.

채권은 대표적으로 국채와 회사채가 있습니다. 그중에서도 국가가 발행하는 국채는 안전자산으로 분류됩니다. 채권 발행자가 국가이기 때문에 개인이나 기업에 비해 부도가 나거나 돈을 갚지 않고 도망갈 위험이 적기 때문입니다. 그리고 기간이 길수록 돈 떼일 염려가 적다고 판단되기 때문에 강대국 미국의 10년물 국채는 대표적인 안전자산으로 꼽힙니다. 안전자산인 미국채는 높은 수익률을 바라고 투자하는 상품이 아닙니다. 그럼 투자자들은 왜 더 큰 돈을 벌 수 있는 주식 대

---

73 〈미국 국채 금리 장중 3% 돌파…국내 증시 먹구름〉, 경향비즈, 2018년 4월 24일.

신 수익률이 낮은 미국채에 투자할까요?

우리가 언제 수익률이 낮더라도 안정적인 투자를 선호하는지 생각해봅시다. 대부분 경제가 좋지 않거나 곧 경제 침체가 예상될 때, 즉 위기 상황이라고 판단될 때 주식처럼 리스크가 높은 투자 대신 금, 채권 같은 안전자산에 투자하려 합니다. 기준금리 인상, 인플레이션 등의 이유로 시장과 경제가 위축되리라 예상될 때 안전자산인 미국채가 투자자의 관심을 받습니다. 그래서 미국채 금리가 증가하면 미국 증시를 포함한 전 세계 증시가 크게 출렁입니다.

특히 미국은 2017년 세 차례, 2018년 네 차례 금리를 인상하였습니다. 그러면서 2018년도엔 한미 금리 역전 현상이 벌어졌고, 2016년 초 1% 수준에 머물던 미국 10년물 채권 수익률은 2018년에 3%까지 치솟았습니다. 한국은행이 발표한 자료에 따르면 2018년 국내 증시에서 외국인 자금 56억 달러가 빠져나갔습니다. 비단 우리나라만의 위기가 아니었습니다. 2018년 10월에는 전 세계 증시가 크게 하락하였습니다.

이렇듯 미국의 금리인상, 미국채 수익률의 증가는 국내 증시뿐 아니라 전 세계 증시에 부정적인 영향을 줍니다. 특히 신흥국에 속하는 우리나라는 독일, 영국 등 선진국에 비해 더 크게 타격을 받는 경향이 있습니다. 그러니 꾸준히 미국의 금리와 채권 수익률에 관심을 두고 시장의 방향성을 확인할 필요가 있습니다.

4. 원 달러 환율이 오르면 국내 증시는 하락한다

미국의 금리인상이나 양적 완화 등 통화정책이 전 세계에 영향을 미

면 기존에는 1달러를 사기 위해서 1,000원이 필요했는데, 원 달러 환율이 오른 뒤에는 1,000원으로 80센트밖에 살 수 없습니다.

이런 환율은 어디서 정하는 걸까요? 대부분의 선진국은 변동환율제도를 채택하고 있고, 환율은 외환시장에서 수요와 공급에 따라 결정됩니다. 그러니까 원화로 달러를 사려는 사람이 많아지면 달러 환율이 올라가고, 반대로 달러를 팔려는 사람이 더 많아지면 원화 가치가 올라가고 환율이 내려갑니다.

원 달러 환율이 상승하면 국내 주식시장에 어떤 영향을 줄까요? 흔히들 원 달러 환율이 상승하면 수출이 늘고 수입이 줄어 기업에 좋으리라 생각합니다. 원 달러 환율이 1달러에 1,000원에서 1,100원으로 올랐다고 가정해 보겠습니다. 그러면 기존 10달러(10,000원)에 수출하

원 달러 환율과 종합주가지수 비교 차트

2000~2019년 원 달러 환율(파랑)과 종합주가지수 차트(빨강)이다. 2007~2008년 미국발 금융위기가 터졌을 당시 달러의 수요가 폭발적으로 늘어나 1달러에 1,500원 수준까지 급등했고, 반대로 국내 증시는 하락한 것을 확인할 수 있다.

던 텀블러를 9달러에 팔 수 있게 됩니다. 그러니까 해외 바이어 입장에서는 똑같이 90달러어치 구매하면 전에는 9개밖에 살 수 없었으나, 이제는 10개를 살 수 있습니다. 반대로 10달러짜리 수입품의 가격은 10,000원에서 11,000원으로 오릅니다. 국내 고객 입장에서는 오히려 수입품이 비싸지니 소비가 줄어듭니다. 그래서 원 달러 환율이 상승하면 기업들은 수출이 늘어 좋지 않냐고 물을 수 있습니다. 그런데 오히려 원 달러 환율과 주식시장은 장기적으로 반대의 움직임을 보입니다.

　왜 이런 결과가 나오는 걸까요? 환율이 20원, 30원 올라 원화 가격이 절하된다고 해서 갑자기 해외 고객들의 소비가 크게 증가하지는

환율 관찰대상국과 환율조작국

미국 재무부는 매년 4월과 10월에 경제·환율 보고서(Economic and Exchange Rate Policies)를 발표합니다. 미 재무부는 이 보고서를 통해 미국의 주요 교역국 중 환율조작국으로 지정될 위험이 있는 국가를 공개합니다. 환율조작국으로 지정된 국가와 해당 국가의 기업은 미 정부로부터 불이익과 압박을 받습니다. 단순히 평판이 나빠지는 정도 이상의 압박입니다. 가령 미 정부는 자국 기업이 환율조작국으로 지정된 국가에 투자할 때 금융 지원을 해주지 않고, 거꾸로 지정국 기업이 미국 정부에 보조금 요청을 해도 지원해주지 않습니다.

환율조작국은 말 그대로 환율을 조작하는 나라를 말합니다. 정부가 외환시장에

개입하여 국가 경제에 유리한 방향으로 환율을 인위적으로 조작하는 것이죠. 미국은 다음 세 가지 조건이 모두 충족된 나라는 환율조작국으로 지정합니다. 1) 연간 대미 무역수지 흑자가 200억 달러를 초과하고, 2) 연간 경상수지 흑자가 GDP의 2% 이상이고, 3) 외환시장에서 달러를 GDP 대비 2% 이상 순매수하는 국가입니다. 만약 세 가지 조건 중 두 가지를 충족하거나 혹은 미 재무부에서 판단할 때 해당 국가의 대미 무역흑자 규모나 비중이 과다하다고 결정되면 관찰대상국(monitoring list)으로 분류됩니다.

2019년 5월 공개된 미 재무부의 반기보고서[74]에는 한국을 포함해 중국, 일본, 독일, 베트남, 아일랜드, 이탈리아, 싱가포르, 말레이시아 등 9개국이 환율 관찰대상국으로 분류되었습니다. 미 재무부는 관찰대상국 중에서도 특히 중국 정부의 외환시장 개입에 대해 지속으로 우려와 비판을 해왔습니다. 중국은 여타 선진국과 다르게 변동환율제가 아닌 관리변동환율제도를 채택하고 있기 때문입니다. 관리변동환율제도는 정부가 부분적으로 외환시장에 개입하는 제도로, 고정환율제와 변동환율제의 중간 즈음에 있는 제도입니다. 중국의 인민은행은 매일 우리나라 시간으로 오전 10시 15분, 외환시장이 열리기 전에 기준환율을 고시합니다. 그러면 당일 위안/달러 환율은 기준환율 중심으로 ±2% 이내에서 형성이 됩니다. 필요시 중국 정부가 시장에 개입하여 변동폭을 2% 이내로 제한하기 때문입니다. 그런데 2019년 8월 5일 미국이 중국을 환율조작국으로 지정하면서 본격적인 환율 전쟁의 신호탄이 터졌습니다. 중국을 환율조작국으로 지정한 것은 1994년 이후 처음입니다. 미 · 중 무역전쟁은 결국 환율 전쟁으로 확대되었습니다.

---

74 U.S. Department Of The Treasury Office Of International Affairs, 〈Macroeconomic and Foreign Exchange Policies of Major Trading Partners of the United States〉, May 2019.

않기 때문입니다. 그저 예전보다 텀블러 가격이 저렴해져서 기뻐하며 필요한 만큼만 사지 않을까요?

달러 가격이 상승했다는 건 달러의 수요가 늘어났다는 뜻입니다. 달러화는 엔화, 금, 채권 등과 함께 대표적인 안전자산으로 꼽힙니다. 2008년과 같이 경기 불황 때는 안전자산인 달러에 수요가 몰리고, 변동성이 큰 주식시장에서는 자금이 빠져나갑니다. 결국 수익성이 좋은 곳으로 자금은 움직이니까요. 게다가 강달러 기조일 때에는 주식이든 채권이든 원화로 표시된 상품을 그저 들고 있는 것만으로도 손실을 입는 것과 같습니다. 환 위험에 노출되어 있는 것이지요. 따라서 환율의 방향은 금융시장의 방향에도 영향을 주는 큰 요인입니다. 주식투자를 하기로 결심했다면 최소한 원 달러 환율에 관심을 두고 확인해야 합니다.

5. 너무 올라도, 너무 내려도 문제인 유가

유가는 국내 증시에 어떤 영향을 줄까요? 먼저 유가와 물가와의 관계를 먼저 살펴보겠습니다. 우리나라는 원유의 전량을 수입에 의존하고 있습니다. 원유는 공장에서 제품을 만드는 장비를 작동하고, 자동차를 움직이게 하는 에너지입니다. 우리 생활의 거의 모든 곳에 쓰인다고 해도 과언이 아니죠.

유가가 상승하면 물가도 상승합니다. 왜 그런지 살펴볼까요? 유가가 상승하면 가장 먼저 자동차 기름값이 올라갑니다. 기업의 입장에서는 제조원가가 상승합니다. 그러니 제품 판매 가격을 인상하지 않으면 수익성이 악화됩니다. 제품 가격을 올리게 되면 결국 국내 물가도 함께 상승하는 결과가 나옵니다. 그러니까 유가가 상승하면 증시가 하락할 것이라 생각하기 쉽지만, 실제 투자자들은 반대로 해석하는 경우가 더 많습니다. 왜냐하면 유가가 상승하는 것은 유가에 대한 수요가 늘어난다는 뜻으로, 경제가 좋다는 청신호로 해석될 수 있기 때문입니다.

따라서 유가 하락은 증시에 부정적인 시그널로 해석될 수 있습니다. 유가에 대한 수요가 줄어들고 있다는 신호이기 때문입니다. 상대적으로 기업의 투자와 소비가 줄어들고 있다는 뜻이죠. 실제 석유수출국기구(OPEC: Organization of Petroleum Exporting Countries)에서 작성한 원유 보고서의 원유 수요 전망치가 하향 조정되면 미국 및 국내 증시는 하락하는 모습을 보이는 편입니다.

국제 유가가 이틀 연속으로 급락했다. OPEC(석유수출국기구) 원유 보고서가 2019년 원유 수요 전망치를 하향 조정한 데다 미국 증시 급락에 따라 위험자산 기피 현상 등이 일어난 영향을 받았다. 11일 뉴욕 상업거래소(NYMEX)에서 서부텍사스산 원유(WTI)는 전날보다 배럴당 2.2달러(3%) 하락한 70.97달러에 거래를 마쳤다. 런던 선물거래소(ICE)의 브렌트유도 배럴당 2.83달러(3.41%) 떨어진 80.26달러에 거래됐다.[75]

이런 이유로 뉴스에서는 유가가 떨어지면 저유가라서 국내 증시가 하락한다고 난리, 유가가 상승하면 고유가라서 증시가 맥을 못 춘다고 난리인 것입니다. 그래서 결국 유가가 오르는 쪽이 국내 증시에 좋을

---

75 〈국제 유가 이틀째 급락, 미국 증시 급락에 위험자산 기피 현상〉, 비즈니스포스트, 2018년 10월 12일.

달러와 유가도 반대로 움직인다

달러 인덱스와 국제 유가 추이

장기적으로 보았을 때 달러의 가치가 올라가면 국제 유가의 가격은 떨어집니다. 반대로 달러가 약세이면 유가는 오릅니다. 원유가 달러로 거래되기 때문입니다. 예를 들어 원유 가격이 1배럴에 60달러였는데, 갑자기 달러 가치가 20% 상승했다고 가정해봅시다. 그러면 원유 1배럴을 50달러에 살 수 있게 됩니다. 그러니까 사실상 1배럴당 원유 가격이 하락하는 모습이 됩니다. 물론 달러의 방향만이 국제유가에 영향을 주는 것은 아닙니다. 가령 석유수출국기구(OPEC)의 산유량 조절, 사우디아라비아, 이란 등 석유 산출국의 정치적인 요인 역시 국제 유가에 영향을 줍니다. 재차 이야기하듯 금융시장은 'A가 오르면 B가 내린다.'와 같은 공식이 늘 적용되는 곳이 아닙니다. 정치, 경제, 사회의 다양한 요인에 의해 영향받는다는 사실을 항상 기억해주세요.

까요, 떨어지는 쪽이 좋을까요? 결론은 적당한 가격대를 유지하는 편이 가장 좋습니다. 시장은 보통 1배럴당 60달러 정도를 적정 유가라고 보고 있습니다. 하지만 "배럴당 60달러가 적당하다." 혹은 "70달러다." "아니다, 80달러는 되어야 한다." 등 다양한 의견이 있습니다.

6. 파생시장의 포지션은 단기적으로 증시에 영향을 준다

파생상품(Financial Derivatives)은 주식, 통화, 원자재 등의 기초자산에서 파생된 상품을 말합니다. 질 좋은 포도로 만든 와인이 더 맛있듯, 파생상품은 기초자산의 가치가 변함에 따라 가격이 결정됩니다. 하지만 실제 시장에서는 오히려 반대로 'Wag the Dog', 꼬리가 몸통을 흔드는 일이 발생합니다. 먼저 선물과 옵션이 무엇인지 알아봅시다.

여기서 선물은 gift가 아닙니다. 先(먼저 선) 物(물건 물)의 한자를 씁니다. 선물(Futures) 계약은 '미래 특정 시점'에 '특정 자산'을 사거나(선물 매수) 팔기로(선물 매도) 하는 계약입니다. 여기서 미래의 특정 시점이 바로 만기일입니다. 그런데 일반적으로 선물 거래라 하면 '주가지수 선물'을 말합니다. 주가지수 선물은 코스피200을 기초자산으로 만들어진 선물 계약인데, 만기일에 주가지수를 돈 주고 사올 수는 없는 노릇입니다. 그래서 선물 계약은 일반적으로 실제 기초자산을 사고파는 대신 현금 결제 방식으로 체결됩니다. 예를 들어 선물을 매수한 이후 가격이 오르면 차익을 현금으로 받고, 선물 매수 이후 가격이 하락하면 손실만큼 결제해야 합니다. 반대로 선물 매도 이후 주가가 하락하면 차익을 받고, 상승하면 손실분만큼 현금으로 결제합니다.

한편 옵션(Option) 계약은 미래의 특정 시점에 미리 정한 가격으로 특정 자산을 살 수 있는 권리(콜) 혹은 팔 수 있는 권리(풋)를 계약하는 것입니다. 옵션은 프리미엄이라는 수수료를 내고 미래에 사거나 팔 '권리'를 매매한다는 점에서 선물과 차이가 있습니다. 그러니까 자신이 가지고 있는 권리를 행사할지 혹은 하지 않을지 유리한 방향으로 선택할 수 있다는 말입니다. 옵션이라는 말 그대로 권리의 행사가 필수가 아닌 선택입니다.

선물과 옵션에 대해 이해하셨나요? 이런 선물 옵션 계약은 기초자산인 개별 주식, 코스피200지수를 바탕으로 합니다. 그런데 오히려 시장에서는 파생시장이 현재 주가에 영향을 주는 일이 발생합니다. 그러니까 선물 매수, 콜 매수, 풋 매도 상방 포지션이 증가하면 코스피 지수가 상승하고, 반대로 선물 매도, 콜 매도, 풋 매수 하방 포지션이 더 많으면 주가지수가 하락하는 일이 발생합니다. 꼬리가 몸통을 흔들게 되는 것이죠. 특히 만기일에 차익거래 포지션이 청산될 때 꼬리가 몸통을 흔드는 일이 발생합니다.[76]

왜 이런 일이 발생할까요? 앞서 배운 차익거래를 기억하시나요? 차익매매는 선물 가격과 현물 가격의 괴리를 이용한 프로그램 매매라고 했습니다. 고평가된 선물을 매도하고 동시에 저평가된 현물을 매수하거나, 고평가된 현물을 매도하고 동시에 저평가된 선물을 매수하여 차익을 보는 매매입니다. 그런데 선물시장의 거래대금 규모는 현물시장

---

76 연태훈, 〈파생금융상품 만기일 주가급변동 방지를 위한 개선방안〉, 한국금융연구원, 2011년.

네 마녀의 날 – 선물 옵션 동시 만기일

옵션은 매월 두 번째 목요일, 선물은 3, 6, 9, 12월의 두 번째 목요일이 만기일입니다. 따라서 주가지수 선물과 옵션, 개별 주식 선물과 옵션의 만기일이 겹치는 3, 6, 9, 12월의 두 번째 목요일 즉 선물 옵션 동시 만기일에는 특히 차익거래 계약을 모두 청산하려는 투자자로 인해 거래량이 늘고, 가격 변동성이 높아집니다. 주가의 변동이 심한 이날을 '네 마녀의 날(Quadruple Witching Day)'이라고 부릅니다. 마녀가 심술을 부린다는 의미라고 해요.

보다 4배 정도는 크고, 유가증권시장의 거래대금에서 프로그램 매매가 차지하는 비중은 약 60%입니다.[77] 따라서 차익거래 등 프로그램 매매의 영향으로 현물인 주식 가격이 장중에 갑자기 오르거나 내리는 일이 발생하게 됩니다. 그래서 단기적인 주식매매를 하는 투자자는 실시간으로 파생시장의 포지션을 살피며 매매를 해야 합니다.

주식투자를 하기 위해 필요한 최소한의 경제 상식에 대해 알아보았습니다. 우리와 전혀 관계 없어 보이는 경제신문을 꾸준히 읽고, 지구

---

77 〈한국은 프로그램 매매 영향력 약해 … "규칙 단순하고, 규제도 강하기 때문"〉, 한국경제, 2018년 12월 28일.

반대편의 세계 경제의 흐름이나 사회의 변화에 관심을 두어야 할 이유가 생겼습니다. 투자하고 싶은 관심 기업의 주가에 영향을 줄 수 있는 뉴스라면 더욱 안테나를 세우고 보아야 합니다. 이런 뉴스가 모두 나의 소중한 돈과 연결된다고 생각하면 이제는 무심코 지나치지 못하실 거예요. 이처럼 바쁘게 변해가는 세상사에 관심을 두다보면 주식투자와 별개로 삶이 풍성해지는 것을 느낄 수 있습니다.

　마지막으로 제가 정보를 얻는 소스들을 알려 드립니다. 가장 즐겨 보는 자료는 〈매경이코노미〉, 〈한경Business〉, 〈이코노미스트〉와 같은 경제 주간지입니다. 그리고 평소에는 인베스팅과 전자공시 시스템 앱에 관심 기업의 공시 알람을 설정해두어 SNS 확인하는 것처럼 체크합니다. 스마트폰 덕분에 관심만 있으면 누구나 산업과 사회 등의 변화를 쉽게 확인할 수 있게 되었습니다. 일상 속의 작은 습관이 우리를 성공하는 투자로 이끌어 줄 것입니다.

린지가 즐겨 이용하는 자료

- **국내외 경제신문/뉴스** : 인베스팅닷컴, 매일경제, 한국경제, 블룸버그, CNN 등.
- **경제잡지** : 최근 주목받는 기업이나 산업에 대해 신문보다 더 정제되고 자세한 기사를 볼 수 있습니다.
- **삼성경제연구소, LG경제연구원** : 특정 주제에 대해 깊이 있는 자료를 찾고 싶을 때 활용합니다.
- **증권사별 리포트** : 메일로 받아볼 수 있고, 네이버 증권에서 종목 산업별로도 찾아볼 수 있습니다.
- **현 총리, 트럼프 트위터** : 우리 정부나 미국 정부의 관심사와 실무 내용을 가장 빠르게 접할 수 있습니다.

참고 자료

도서

- 워런 버핏, 로렌스 커닝햄 엮음, 《워런 버핏의 주주 서한》, 이건 옮김, 서울문화사, 2015.
- 제레미 밀러, 《워런 버핏, 부의 기본 원칙》, 북하우스, 2019.
- 하워드 막스, 《하워드 막스 투자와 마켓 사이클의 법칙》, 비즈니스북스, 2018.
- 피터 린치 · 존 로스차일드, 《전설로 떠나는 월가의 영웅》, 국일증권경제연구소, 2017.
- 벤저민 그레이엄 · 제이슨 츠바이크, 《벤저민 그레이엄의 현명한 투자자》, 국일증권 경제연구소, 2016.
- 로렌스 커닝햄, 《버크셔 해서웨이》, 이레미디어, 2016.
- Ray Dalio, 《Big Debt Crises》, Bridgewater, 2018.
- 박동흠, 《박 회계사의 재무제표 분석법》, 부크온, 2015.
- 벤저민 그레이엄 · 데이비드 도드, ≪벤저민 그레이엄의 증권분석≫, 리딩리더, 2012.

논문 / 학술지 / 연구 자료

- 《주식시장 매매제도의 이해》, 한국거래소, 2010.
- 고영선 외, 〈경제위기 10년: 평가와 과제〉, 한국개발연구원, 2007.
- 김지현(한림대), 〈공매도를 이용한 불공정거래 개연성〉, 건전증시포럼, 2018.
- 박진우, 〈한국 주식시장에서 고배당주 투자는 유효한가?〉, 《금융안정연구 제13권 제1호》, 2012.
- 정형민, 〈외환위기 이후 설비투자 추이와 시사점〉, 삼성경제연구소, 2007.
- U.S. Department Of The Treasury Office Of International Affairs.

〈Macroeconomic and Foreign Exchange Policies of Major Trading Partners of the United States〉, May 2019.

- 연태훈, 〈파생금융상품 만기일 주가급변동 방지를 위한 개선방안〉, 한국금융연구원, 2011.

공시 자료

- 〈삼성전자 분기보고서〉, 2019. 5. 15.
- 〈디피씨 반기보고서〉, 2019. 5. 14.
- 〈현대건설 분기보고서〉, 2019. 5. 15.
- 〈한국기업평가 분기보고서〉, 2019. 5. 15.

웹사이트

- 키움증권 영웅문 도움말 www.kiwoom.com
- 한국거래소 홈페이지 www.krx.co.kr
- 금융감독원 전자공시 시스템 홈페이지 dart.fss.or.kr
- KSD 전자투표 시스템 홈페이지 evote.ksd.or.kr
- 한국 스튜어드십 코드 홈페이지 sc.cgs.or.kr
- 미국 연방준비제도 홈페이지 www.federalreserve.gov
- 한국은행 홈페이지 www.bok.or.kr
- 한국예탁결제원 홈페이지 www.ksd.or.kr
- 통계청 홈페이지 kosis.kr

*참고 자료 중 신문 기사는 본문에 각주의 형태로 출처를 밝혔습니다.

직장인, 100만 원으로 주식투자 하기

초판 1쇄 | 2019년 9월 25일
초판 12쇄 | 2021년 3월 15일

지은이 | 린지(김신아)
감수 | 김원중(건국대학교 경제학과 교수)
발행인 | 김태웅
기획편집 | 권민서, 윤정아
디자인 | 남은혜, 신효선
일러스트 | 주노
마케팅총괄 | 나재승
제작 | 현대순

발행처 | (주)동양북스
등 록 | 제 2014-000055호
주 소 | 서울시 마포구 동교로22길 14 (04030)
구입 문의 | 전화 (02)337-1737 팩스 (02)334-6624
내용 문의 | 전화 (02)337-1763 dybooks2@gmail.com

ISBN 979-11-5768-546-2 03320